JN115492

家事代行取扱説明書

ワンオペ育児の悩みが9割解消する！

おりと なおこ

マーキュリー出版

はじめに

本書を手にとっていただきありがとうございます。

この本は『**家事も育児も仕事もがんばっているあなたが、何もかもをひとりで抱えるのをやめる方法**』を書いた本です。

家事代行を利用するメリットと、**あなたが家の中で機嫌良く過ごすことが、家庭と世の中の平和に直結しているこ**とをお伝えしたくて書きました。

私は千葉県で家事代行をしているおりとなおこと申します。

２０１４年から家事代行業を始め、たくさんのリピーターのお客様に支えられ、またお客様を支えて毎日を過ごしています。いわゆる家事という言葉に当てはまる『掃除・洗濯・調理・その他諸々』を全て任せられる家政婦として今年で10年を迎えました。

今、私が家事代行の仕事をしていて、**毎日を時間や気持ちに余裕無く過ごしている人がとても多い**と実感しています。

自分のことを後回しにして、家族のためにがんばっているあなたを救う家事代行の利用を広くおすすめします。

タイトルにもある、『ワンオペ育児』という言葉は近年頻繁に見るようになったワードです。もちろん育児中ではない人も仕事をしながらもなぜか家事を全て担っている場合も多く、それも『ワンオペ』と言えます。**ひとりで、何もかも抱えてしまうことはもうやめませんか。**

この本を手に取ってくださった皆さんは、今、漠然と、家事を誰かに代わって欲しいと思っているのではないでしょうか。

家が常に散らかっていること、ごはんの支度が間に合わないこと、洗濯物が全く片付かないことに、モヤモヤしていませんか。

そのモヤモヤは家事代行を利用すると一発で解決します。
家事の時間を減らすことは、確実にあなたの幸せな時間を増やします。

家事の時間を減らすには、月に1回でも良いので、私のようなプロの家事代行業者に家事代行を依頼してください。徐々に利用回数を増やして行くと、人生は劇的に上手くいくようになります。

現代社会において、時間とは最も貴重な資源のひとつです。仕事に追われ、家族や友人と過ごす時間が削られ、そして自分自身のための時間もどんどん削られている方々は少なくないでしょう。

そんな中で**『家事代行』というサービスが多くの人にとって救世主となる**ことを、この本で知っていただきたいのです。

家事代行を利用することで得られる『時間の余裕』がいかに仕事のパフォーマンスを上げ、家庭の円満を保ち、個々の心の安寧をもたらすか、私は身を以って知っています。

実際に私が家事代行に行っている皆さんのお客様の声を紹介します。

「最高です。ごはんだけじゃなく、掃除もやってもらえて、帰宅した時にきれいな部屋を見ると一日の疲れが吹っ飛びます。ごはんもおいしい！」
（30代・正社員・女性・子供2人）

「今日まで家事に孤軍奮闘していましたが、強力な味方ができたような気持ちです。」
（40代・正社員・女性・子供3人）

「仕事の繁忙期にいつもお願いしています。在宅ワーク中に、おいしい匂いが漂ってくるし他人が家にいるという心地良い緊張感でさらに仕事が捗ります。」
（30代・正社員・女性・子供1人）

「どうしても自分で片付けができなくて依頼をしました。1人だと結局片付かないことばかりだけど、一緒に作業ができて、部屋がスッキリしました。」

（30代・育休中・女性・子供2人）

「子どもと遊ぶ時間ができました。読み聞かせしてあげる余裕ができて、いつも以上に子どもがかわいい！！」

（20代・育休中・女性・子供1人）

「産後、実家に頼れなくて、依頼をしました。話を聞いてもらえたり、おいしいごはんを作ってくれたり、掃除までピカピカにしてもらえて、本当に助かりました。」

（30代・主婦・女性・子供1人）

「夫が優しくなりました。」

（40代・主婦・女性・子供3人）

「作ってもらったメニューを夫とふたりで再現してみました！部屋がきれいで嬉しいです。次回が楽しみで、夫とも険悪な雰囲気にならず、夫婦円満です！」

（20代・育休中・女性・子供2人）

「外食が減り、無駄遣いも減り、痩せました。体調が良いです。」

（30代・正社員・女性・子供1人）

「妻が料理を教えて貰えたと喜んでいました。大変参考になったようです。またお願いします。」

（30代・正社員・男性・子供1人）

「この短時間でここまでやってもらえて満足です。」

（30代・会社経営・男性・独身）

ここにあるお客様の声はほんの一部です。また、お客様のほぼ全員が言う感想は、『もっと早く利用すればよかった！』です。

『自分なんかが利用していいのかなぁ』とか『知ってはいるけど、自分には関係なさそう』と、まるで高級なサービスと思われがちですが、そんなことはありません。家事代行は誰もが利用できる気軽なサービスなのです。

さあ、あなたも、家事代行の世界に足を踏み入れ、新しい生活スタイルを手に入れませんか。

家事代行を利用することが、あなたの生活を豊かに輝かせる手助けとなることを心から願っています。

読者の皆様の生活のために、本書が少しでもお役に立てれば幸いです。

令和6年7月　おりとなおこ

家事代行取扱説明書　目次

第3章　家事代行を利用している皆さんの特徴とは

第４章　家事代行の利用方法とメリット・デメリット

第5章　家事代行を利用して得られるもの＝他人に頼る力

第6章　家事代行利用のすすめ

第1章
生活の悩みが9割解決する「家事代行」

生活の悩みの9割とは

皆さん、はじめまして。家事代行のおりとなおこです。

この本を手に取ってくださった皆さんはまえがきにも書いた通り、今、漠然と家事を誰かに代わって欲しいと思っているのではないでしょうか。

家が常に散らかっていることやごはんの支度ができないこと、洗濯物が全く片付かないことにモヤモヤしていませんか。

そのモヤモヤは家事代行を利用すると一発で解決します。

生活の悩みは、

『仕事や育児が忙しいので家事ができない』

ほとんどここに集約されます。

家事代行を利用すると文字通り家事を代行してもらえるため、煩わしい家事から解放されて仕事に打ち込んだり、帰宅後の家族との時間や自分の時間を増やすことが出来ます。

これを読んでいる忙しい皆さんは日々の家事に時間をとられ、やってもやっても終わらない虚無感に苛まれ、家事が苦手なら尚更、毎日毎日いやだなぁと思って過ごしていませんか？

家事とは『大人になると誰でもできる』ものではありません。

苦手と得意がはっきりと分かれます。

幸い、私は生まれつき家事が得意だったので家事代行を仕事にしていますが、自宅では最低限しかやりません。

家事はビジネスでもあるという側面があります。

つまり本来なら家事は報酬が発生するということです。もちろん育児も同じです。

日々、家事育児をこなしている人は大変な作業を自分の仕事と並行してやっている
ことになります。

仕事をしながら家事育児を完璧にこなす・・・それは『無理』です。

誰もが家事が得意ではないし、むしろ苦手な人のほうが多いです。

苦手なことは出来るようになるかもしれませんが得意になるのは難しいと思います。

そして重要なのは苦手でも全くかまわないということです。

『家事なんて誰でもできる』

『家事ができないなんて恥ずかしい』

『他人に迷惑をかけてはいけない』

という世間の認識が仕事をしながら家事をしている皆さんを圧迫し疲弊させているのです。

皆さんは多数の人たちに完璧なデータを見せられて

「家事を完璧にやらないなんてあり得ない!!」

と糾弾されたりはしていないはずです。

誰かに言われたことはありましたか？何人に？言ってきた人のお家は完璧でしたか？

なんとなく世間の空気感や常識、世間体などを気にして過ごす人は本当に多いです。

家事ができなくたっていいのです。家事は誰にでも簡単にできるものではないです。

家事は代わりにやってもらえるものなの？

家事を誰かにやってもらうなんてそんなことあるわけない、大金持ちの利用するものなんじゃないかって最初は皆さんが思うのです。

しかし、それは違います。

そう、家事は代行してもらえます。

家事代行は大豪邸に住み込みで働く召使いではありません。気軽なサービスなのです。例えて言うならばマッサージを受けるような、その程度のハードルです。

「この人にしようかな？」と気軽に選ぶことができるサービスです。

自分が困っているときや助けてもらいたいときに世の中には頼れる所があるし、相手は迷惑と思ってないという場合も多いです。

迷惑をかけてはいけないの『迷惑』って一体どんなことを指しているのでしょうか。


忙しい皆さんが誰かに助けてほしいと思うことが迷惑なわけがありません。あなたに頼られて嬉しい人はごまんといます。

また「家事ができなくて恥ずかしい」という声を非常に多く聞きます。

誰にでもできることが自分にはできないと思うのでしょうか。家事は誰にでもできることではないです。

自分と他人を比べても意味ないし、あなたが努力していないわけではありません。

あなたは今日までずっとずっと頑張ってきています。

自分の能力のなさを嘆いていませんか？

能力がないのではありません。他人と自分の能力は違います。

家事への偏見あれこれ

家事が苦手な人は沢山いますから、家事ができないことは全く恥ずかしいことはありません。

なぜなら世の中に家事が苦手な人がいなかったら、家事代行という職業はこの世にないはずだからです。

家事代行は家事が苦手な人のためのサービスです。家事を得意とする人が家まで来てくれます。

共働きで小さいお子さんがいる家庭では自分とパートナーのどちらかに負担の割合が不公平にかかっていることがよく見られます。

今日まで見てきたお家でしっかり公平に家事を分担している家庭はゼロでした。

男性だけが奮闘していることもありますが、負担が大きくかかっているのはほとんどが女性です。

先にお伝えしますが、このあとの文章で男性について貶したり憤っているわけではありません。

昨今では男性も家事をするようになってきていますが、特に両親が共に昭和生まれのご家庭ではいまだに家事は女の仕事と認識されているように感じます。

そしてこの認識は私たち現役世代が引退する頃には変わっているかもしれない程度でまだまだ変わらないはずです。

専業主婦の母親に育てられた世代は母親が家事をやるのが当然と思っています。

私も母が家の一切をやっていることに何の疑問も抱かなかったし、自分もやるのだろうと思ってすくすくと育ちました。

時代は変わって『家事は女がやるもの』という固定観念はなかなか覆りません。

そのため男性が家事をやるとすごく称賛されるのです。

「えっ、パパがやってくれるの?!」「偉いですね!」と言われたり、はたまた『イクメン』なんて言葉が流行りました。

つまり、男性が家事育児するのは異常なことで普通じゃないという認識がはびこったままなのです。

もう呼吸と同じ様に当たり前に、女性がやるものとして認識されているのが家事育児です。

女性はどんなに家事育児をやっても絶対に褒められません。家事育児より尊いことはないと思うのですがおかしいですよね。

この『家事育児は女がやって当然』という世間の認識を今すぐ変えることは非常に難しいと思います。

私が生まれてから40年以上も変わっていません。もはや化石のようなカチカチの不変の概念です。

そんな中『やっているつもり』という主観がお互いへの不満となるのです。

特に男性はやれば褒められるはずと思っていることが多いです。

男性は「俺はこんなにやっている」「褒めてほしい！」

女性は「私のほうがやっている」「認めてほしい！」と言い争ったり、言えなかったりとお互いの主張は交わる点を見つけることはできません。
なぜなら本当にお互いが心から「家事育児をやっている！」と思っているからです。

男性は「やって偉いでしょ？」
女性は「私のおかげなんですけど？」
と言いたい。

そして実際にはどちらも家事をやっているのです。
女性が採点すれば2点の家事も男性の中では満点なのかもしれません。
そして女性の家事を採点したら10点満点中12点ってことが多いのです。これはどちらも悪くなくただの違いなのです
女性の思う『ここまでやってほしい』という希望はほぼ叶えられないと思って間違いありません。

女性のほうが細かいところまで常に完了させていることが多く、男性には言わないと分からない、言っても分からなかったり、ここまでやるという発想もない場合があります。(性別の話は備わった特徴でありどちらが悪いとか良いとかではありません。)

やっているつもりの人が「ちゃんとやってよ！」と責められると責められている理由がわからないから、どうしても険悪な雰囲気になってしまいます。

話し合えば伝わるかもしれませんが、仕事で疲れているときなどは伝わりづらいかもしれません。

一緒に家事をする人ならまだしも、仕事だけやっていればいいと思っている人と暮らしてしまうと

片方が、仕事・育児・家

片方が、仕事だけ

というとても割に合わない事態にすぐに陥ります。

家事育児はひとりでするものではありません。

ひとりの時に気にならなかった家事は『2人になったから2馬力』になるのかなと思っていたのに『負担だけが増えた1馬力』になるから腹が立つんですよね。

根気よくパートナーに言い聞かせることで好転していく場合もありますが、子供がいたら育児をしながら大人を教育するのはつらいです。

少なくとも私ならやりたくありません。

そんなことをするくらいなら自分が負担したほうがマシとか、相手が不機嫌になるから面倒くさいとか、忙しい皆さんそこに労力を割くことはできないでしょう。

「争うくらいなら私が我慢しよう」と全てを飲み込んでいった結果、パートナーと一緒にいる意味が見出だせなくなると最悪は離婚に発展していきます。

私は離婚と再婚をしています。離婚原因は家事のことではないですが、離婚はとにかく手続きが大変でした。

離婚するのは容易ではないため離婚したほうがいいのか、話し合ったほうがいいのかはよく考えてから決めてほしいです。

裁判になる場合もあり、そもそも離婚にたどり着くまでが大変です。

離婚になると苗字を変えるために書類の名義変更をしたり、免許と今の苗字が違う期間があったりして自分を証明できなくて市役所での手続きができずに心が折れたりしました。

しかも子どもの苗字も変える場合は裁判所まで行き改めて入籍をしなければなりません。

一瞬でお金が底を尽きかけたり、さらに引っ越し作業や、子どもの転校で子供の教科書や文房具や体操服を新しく準備したり、名前を変えたり、と同時に仕事が一段と忙しくなりました。

そういう果てしなく終わりの見えない作業の大変さも考慮してほしいのです。

しかし、離婚したあとは家事が信じられないほど楽になったのも事実です。

現在、パートナーの世話が重くのしかかっているならば、なんとか解決したいところですよね。

子育てはするけど、大人の世話はしたくないというのは全ての女性が思っていることではないかしらと思います。

一昔前なら女性は専業主婦が多くて家事の一切を引き受けてもできたかもしれません。

しかし、今は共働きが多いのに家事は女性がやるものという認識が変わらないまま時間が流れています。

なぜ女性だけが、なぜひとりだけが、仕事も家事も育児も負担しなければならないのか！

ただでさえ仕事で疲れているのに誰にも頼らずに、産後から解消されたことのない寝不足を抱えて、子どもたちの一切の世話と家事や家計までわされている女性が多いことは怒っていいと思います。

皆さんは本当によくがんばっています。

単純に素直に、紛れもなく偉いと思います。偉業だと思うんです。

家族の中の争いを解決する最も良い方法

さきほどのような最もありがちな家族の中の争いを解決するのが家事代行です。

なんの躊躇もいりません。外注して負担軽減です。

心のモヤモヤをなくし、あなたの「ここまでやってほしい」を叶えます。

話し合えば解決できる状況を話し合わずに破綻させてしまう前に家事代行を利用してみませんか。


私はこの仕事を10年間続けて千五百件以上を訪問していますが、利用に踏み切ったお客さまから人生がうまく回り始めているように見えます。


家事代行の相場は１時間で三千円～五千円前後です。

家事代行を利用するコストパフォーマンスとタイムパフォーマンスはこれ以上良いものもなかなかありません。

家事に割いている時間はいつもどれくらいですか？

帰宅してから休む時間はありますか？

起きてから出勤までの時間はどうですか？

「あぁ、誰かここを片付けておいてほしい」「お願いだからだれかやっておいて」

「私の体はひとつしかないんだよ！」と思っていませんか？

また、よく勘違いされるのが在宅ワークのことです。

在宅ワークは仕事場が自宅なだけで勤務中となんら変わりありませんから、家事する時間なんかどこにもありません。

もちろん育児しながらの仕事なんて出来ません。

パパは会社で、ママは自宅でという共働きのパターンはとても多いです。

自宅にいるとインターホンが鳴ったり、仕事中もなんだか落ち着かず、在宅ワークは全然楽ではありません。

むしろ会社に行った方が仕事に集中できて、仕事だけやればいいんだから楽だと皆さん言われます。

在宅ワークは家にはいるかもしれないけど、家事をする暇なんかありません。

私の訪問先は在宅ワークの方が最も多いです。お客さまが仕事中に私が家事を済ませます。

家事代行を利用すると、働いている時間にすっかり部屋は片付き、ごはんもできているし、お風呂もトイレもピカピカになっています。

どうですか、やっぱり自分でなんとかしようと思いますか。

家事代行はあなたの精神的な安定に繋がる

私はこの料金以上の価値を置いてくるつもりで仕事をしていますので、ほとんどの方がリピーターになります。

そして、お客さま全員が私の来る日を心待ちにしています。

『この日までなんとかがんばろう』

『明日はごはんを作ってもらえる！』
絶対に助けてもらえる日が決まっていると精神的な安定に繋がります。

ピカピカになった水回り
散らかっていないリビング
掃除してある部屋
ホコリがない階段
整っている寝室
溢れていないゴミ箱
靴が散乱していない玄関
畳んである洗濯物
炊いてあるお米
自分では作らないおかず
リクエストに応えてもらったごはん
たくさん並んだレパートリー豊富な料理

お弁当に使えるおかず
片付いている食洗機の中身
偏食しなくなった子どもたち
体調の良い自分

　そしてなによりおいしい食事を自分で作らなくてよい喜び！！

　毎日毎日、家族のために自分の好みは二の次にして、掃除してご飯を用意し続けてきているあなたにたくさんの嬉しい気持ちを味わってもらえるかを考えて私は仕事をします。

　掃除してある部屋で誰かに作ってもらったごはんを食べるのは最高だと思いませんか？

　そして仕事が終わると、お客さまは目をキラキラさせながら、『次回の予約できますか？！』と聞かれます。助けてもらえることがわかったお客さまは訪問時と全く違う顔つきをされています。

絶望的だったそれまでの生活にこれからの目処が立ったのです。

それと「特徴的だなぁ」といつも実感するのが『キャンセルが非常に少ない（ほぼゼロ）』ということです。

「来なくていいです」「もうやめます」というキャンセルはほぼありません。

家事代行を利用するハードルを越えた人は家事代行の必要性を感じているということだと思います。

家族を救う家事代行

私の伺うお家は子育て世帯が多く『体調不良で延期』は時々あります。

とくに流行風邪は保育園児が特にかかりやすいため、前日や当日の朝に延期の申し出があることもあります。

人によると思いますが、私はキャンセル規定を設けていません。

なぜなら必ずまた予約してもらえるからです。

そして私も同じく子育てをしてきたから子どもの急な体調不良は全く他人事とは思えないのです。

そしてお客さまがお子さんから感染してしまうことを本当に心配しています。

皆さんはそれはそれはお子さんのことが大事でしょう。

でも女性にも男性と変わらないくらい働きたいと思っている人や仕事が大好きな女性もたくさんいらっしゃいます。

でも子供のことや家事の細かいところを女性が担っていない家庭ってどれくらいあるんでしょうか。

同じくらい仕事をするとやはり格段に女性への負担は増大します。

家事代行を利用することは単純な作業負担軽減ではなく、家族を大切にすることにもなります。

それより家族を大切にするにはまず自分のことを大切にしなければなりません。

自分より大事なものはこの世にありません。自分が大切にされているからこそ、子どもも家族も大事にできるのです。

あなた以上に大事な人はこの世にいません。

家事も育児も全然うまく行かなくて、仕事にも行き詰まる時に、同期に昇進の話が出ていても自分は諦めるしかなかったり、子どもの今後のことも考えなきゃ、保育園や幼稚園にローンの支払いもあるし、家事全部やってるし、自分ってなんのために生きてるんだろう？って思い詰めていたお客さまが家事代行を初めて利用したときに「こんなにありがとうございます」と言葉少なく泣いてました。

私は痛いほど気持ちがわかるので貰い泣きしながら
「今日まで大変でしたね。いつでも呼んでくださいね」と伝えました。

私を迎える日まで、ずっとずっとがんばっていたから、こうやって泣いたお客さまは一人や二人ではありません。号泣しないまでも涙を滲ませる方がとても多いです。

そして家事代行で伺う私は、家族でも医療関係者でもママ友でもありません。すごくちょうど良い話し相手になります。
なんのしがらみもない私に日々思っている些細なことから大きなことまで、ずっとずっと喋っている人もたくさんいます。
些細なことも全く否定されず共感されながら笑って話す、これがかなりストレス軽減になっていると思うのです。

家事に追い詰められる生活はもう終わりにしましょう。

家事代行は必ず、絶対にあなたのことを助けます。

家事代行を利用すると決めたあとは、あなたには良いことしか待っていません！

第2章
家事代行とは

家事代行とは文字通り、家事を代行する仕事

調理、作りおき、買い物代行、掃除、洗濯、整理収納、片付けなどをお客さまの代わりにやります。

場合によってはお子さんの遊び相手をしたり、赤ちゃんのお世話をする場合もあります。

家事代行とベビーシッターは違うのでお子さんとふたりきりになることはできませんが、保護者の方が在宅していれば大人がひとり増えた状況になりますので、お客さまにとっては心強いはずです。

また訪問介護や訪問看護とも全く違いますので、身体的介護や看病はしません。あくまでも家事の代行をします。

在宅中はもちろん、留守中にも利用することが可能です。帰宅したときの喜びもひ

としお、片付いた自宅は最高です。

留守中に利用する心理的なハードルがあると思います。

しかし、家事代行では『完全に身元がわかっている人』が来ます。

何かあれば犯人は私ということになりますから、私には犯罪するメリットがありません。

貴重品で何か無くなったり、置いていたお金が減っていたり、そういうことはまずないと思います。

私の基本的な訪問時間は３時間です。

家事代行は時間との勝負ですから、引き出しをしらみ潰しに探す暇はありません。

棚の上に置いておかず引き出しにしまっておいてください。

開けないで欲しいところも伝えてください。

私は合鍵を預かって留守宅で作業することもあります。

ロックができるタイプのポストなら番号のやりとりでも鍵の受け渡しが可能です。

依頼内容は様々なので、まずお客さまのご希望を事前に伺います。

察する能力も必要ですが、お客さまが何をしてほしいのかを打ち合わせしながら確認し、把握します。

そして、一番やってほしいとご希望のあるところから手をつけていきます。

例えば、台所の掃除をしてほしいと希望しているのに寝室から開始されたら困りますよね。

この場合は台所から開始していきます。


事前の打ち合わせは訪問・電話・メールのみなど様々ありますが、実際に訪問して確認しない限り、作業量は正確にはわかりません。

時間に制限がありますので、優先順位をご自身でも考えておくと思った通りに進んでいきます。

打ち合わせの時間に何に、どのように自分が困っているのかを、思い切りぶちまけてください。

あなたが感じている大変なことは、おそらく家事代行の現場で何度も遭遇していることです。

私にとっては朝飯前のようなことも数知れずありますので大丈夫です。

「あぁ、面倒くさい」と思うことは、家の中に溢れています。

「これもお願いしちゃっていいかなぁ」のような些細なことこそ伝えて下さい。

「各居室のゴミ箱の中身を集めてほしい」「レジ袋をまとめてほしい」「子供のオムツを補充してほしい」「まとめ買いしてきたお肉の小分けをしてほしい」そんなことでいいのです。

『名前のない家事』という言葉も最近よく聞くようになりました。

そうなんですよ！名前がないのにたくさんあるんです。

例えば食器を使いやすく棚にしまうことも、パントリーの在庫を把握することも、電球を替えることも、洗剤やシャンプーを切らさないようにすることも、全部、家事です。

こだわりのある買い物や自分でやりたいことなどはご自身で、他のことは家事代行に任せて下さい。私は何を言われても動じないと思いますので、なんでも困っている今の状況をすべて教えてくださぃ。

作業中に「やっぱりこっちからやってほしい」「これもやってほしい」とか図々しいかな？位に要望を言ってください。「わがままだなぁ」なんて絶対に思いません。

それでは家事代行の代表的なものをざっくりと説明していきます。

「作りおき」「掃除」「整理収納」「掃除と作りおき」というパターンにだいたい分かれます。時間は3時間の場合がほとんどです。

作りおきについて

作りおきの依頼では、15～20品くらいのおかずを作っていきます。

一品10分くらいで仕上げていきます。

おかずは冷凍できるものも多いので、約1週間分のストックとして活用することができます。

買い物代行も出来ますが、買い物の時間も利用時間に当然含まれてしまうので、できれば買い物は済ませておいた方が良いです。

しかし買い物する時間がない時やめんどくさい場合、何を買ったらいいのか、そもそもわからないという時には買い物代行も依頼してください。

まず私はご家族のアレルギーと好き嫌いを把握します。

そしてリクエストがあれば聞いて、あとはお任せというパターンです。

特定のレシピがあってこれを作ってほしいという希望があれば、もちろん対応いたします。

冷蔵庫に入っている食材でおかずを作りますので、普段買っている食材を少し多めに買っておいてください。

食べ慣れていない食材で初めての味付けだとお子さんが食べないと困るし、ご自身も苦手な食材があるはずなので普段の食材があると安心です。

もう何もかも全て任せたい！という場合は適宜、買い物代行から実施します。

また重ねられるような耐熱性の保存容器を用意しておくと良いです。

普段、おかずを作りおきしている方は持っていると思いますが、これから揃えるなら耐熱ガラスの重ねられるものがお勧めです。

ガラスには匂いがつかないし、ケチャップ等の色移りもしないからです。

オーブンにもかけられるため便利です。


作り置きを日常で依頼することになったら意外と盲点なのが調味料のストックです。

しょうゆ・みりん・料理酒・片栗粉・すりごま・パン粉等々なくなったらメモしていますが、ご自身でもストックを切らさないように用意しておくと良いと思います。

今までは小さいものを買っていたなら、これからは1リットル入り等、大きい容量のものを買うのもいいと思います。


家事代行なら例えば、しょうゆがなくてもめんつゆと塩でなんとかできます。

調味料が切れているから料理できない！とはならないはずですから、そこまでストックに神経質にならなくて大丈夫です。

ただ、調味料が潤沢にあると、調理が本当に楽にできるので、おかずの品数も増えていくことでしょう。

また、味付けについても濃い目が好きとか薄いのが良いなどの好みは伝えてください。

他には野菜を切っておいたり、から揚げの下味だけつけておいたり、離乳食や下ごしらえにも対応しています。

掃除について

まず、一番大事なことは『家事代行を依頼するための予掃除をしない』です。

『掃除をしない、これがあなたのやるべきたったひとつのこと』

と言っても過言ではないです。ここが本当にいちばん大事です！

掃除をしてほしくて依頼したのですからそのままで待っていてください。

予掃除で疲れてしまうのは本末転倒です。お任せください。

きれいに体裁を整えておかないでください。

現状、何に困っているのか、普段の散らかるパターンを把握させてください。


掃除だけの依頼では家中を掃除していきます。

玄関・全居室・トイレ・洗面所・お風呂・台所、それから希望により窓や冷蔵庫などです。

トイレやお風呂、洗面所などの水回りはこれ以上ないプライベートゾーンですよね。汚れていると恥ずかしいかもしれませんが、どこの現場でも同じですから全く気にする必要はありません。

ここも掃除しないで待っていてください。


ピカピカになったトイレとお風呂は、『きれいに保っておこう！』となる人と、『また掃除してもらえるから汚れてもいいや♪』となる人に分かれます。

後者のほうが断然多いですね。

毎週、伺うお家はそれほど汚れないままの状態で再度、私が掃除するのできれいに保てますが、月1回のご利用の場合は元の状態に戻っています。それが普通です。

汚物入れも交換対応していますよ。それも任せて大丈夫です。

普段の掃除のこだわりがあれば教えてください。

「ここを拭くのはぜったいこれ」「この洗剤はここにしか使わない」、ブラシの種類、スポンジの種類、「これはやめてほしいんだよな」と思うことにならないように詳しく教えてほしいです。

そして洗剤やトイレットペーパー、なくなりそうなストックはこちらから報告しますので次回までに用意をしておくか依頼があれば買っていきます。

寝室や子供部屋、全居室も掃除していきます。

「ここは絶対入ってほしくない」「今日はやらなくていい」というご希望もどうぞ

お伝えください。

布団干しも対応しています。

朝、寝坊して急いで出勤しそのままにしたの布団が、帰宅したら整った状態で用意されているのってすごく良いでしょう。

お風呂も洗ってありますからね。

あとは給湯またはふろ自動スイッチを入れるだけです。

お風呂に入ったあとはフカフカのお布団でゆっくりお休みできます。


あとは玄関や階段・廊下、ここも掃除しないと汚れるんですよね。

普段通っているだけなのになぜだか汚れます。特に玄関はきれいにしておくととても気持ちがよいものです。


この際、下駄箱内の二度と履かない靴やよくわからないアウトドア用品なども整理してしまいましょう。

短くなったなわとび・空気の減っているボール・一本折れているところのある傘・

子供の履き潰した靴・合皮が剥がれているパンプス・かかとの減っているモコモコブーツ・サイズアウトしている長靴は本当に必要ですか？

昨日まで見ないふりをしてきたものたちを片付けましょう。

そして、空いたスペースに新しい靴やいつもの靴を入れていきましょう。

そしてここでも大事なことは『使わないものがまた溜まっていっても大丈夫』です。

「きれいに保っておこう！」と気合いを入れなくていいです。疲れないように過ごしましょう。

整理収納について

整理収納の依頼ではまずどこから手をつけるか決めてから全部出して、いるものといらないもの・捨てるものと捨てないものを分けます。

そして掃除しながら使わないけども捨てないものは奥に、よく使うものは手前に収納をしていきます。

最近は色々な片付け方法がありますが、お客さまの好きな方法をお勧めしています。

お客さまが捨てたければ捨てるし、捨てたくなければ捨てません。

私から「捨てたら？」「取っておいたら？」とは言いません。

全部捨ててもいいし、別にとっておいてもいいです。

ストックしておくことが安心ならそれを優先します。

人によって大事なものは様々です。誰かの言うことを聞く義務はありません。

多くの情報に惑わされるのは疲れてしまいますから、自分に合いそうな方法を選べば良いのです。


正解とは『自分が快適である』以外はありません。

実践して違和感のあることはやらないで良いのです。「なんか違うな」と思っている。この感覚は大事です。

自分が暮らす家に違和感があるとそれがストレスになってしまいます。違和感とは、今日まで様々な経験を積み重ねて生きてきた自分が感じる信頼すべき感覚です。はっきりさせず、あやふやなままでもいいのです。

しかしホコリだらけのものや期限切れのものはチェックしましょう。ホコリじゃ死なないと思っても、結果、アレルギー性鼻炎になったりしたらそっちのほうが面倒くさいはずです。

空間を清潔に保つとよい空気感になります。

また、よく依頼があるのがお子さんの衣替えです。

3人くらい年の近い子どもがいると本当にカオスになります。服のサイズが80だの90だの95だの、パンツやトレパン、キャミソールや半袖、夏用や冬用、靴下やレギンス。

この量をひとりでやろうとすると心が折れます。

「やらなきゃやらなきゃ」と言っている間に季節は巡り、着られない服が混ざったバーゲンセールのような光景になります。

衣替えを私とふたりで一緒にやりましょう。

愚痴を言っても良いのです。愚痴が出るのはあなたが今日まで頑張ってきた証拠です。本当によく頑張ってきました。

サイズごとに季節に合わせた服を入手してきました。私がサイズ別に畳んでいきますね。

捨てる服・売る服、全然着なかったブランド服・下の子に着せる服・あげる服・捨てないで取っておく服、夏服・冬服・オールシーズンの服。

ちょっと思い付くだけでこの種類です。一人やったらいつ終わるんでしょうね。途中で子供に呼ばれたら、お迎えに行かなければ、夕飯を作らなきゃなど完全に散らかった状態で強制終了になる恐怖は終わりにしましょう。

掃除と作りおきについて

お留守の場合はおかずを冷ましてから冷蔵庫に入れるため作りおきから開始していきます。

ご在宅なら相談してから開始します。

だいたい掃除からやって出来立てごはんで、そのまま昼食または夕食になります。

私が伺っているお家はほとんどがこのパターンです。（私はこれが一番得意です。）

まず水回り掃除と家中に掃除機をかけ、布団を整えて、洗濯もあればやって、ごはんを作ります。

パターンはあってもその日によってやってほしいことは変わるところもあるので「今日はこれを、そのあとはこれ」とひとつひとつ指示をしても良いし、「今日はこと、あとは良い感じにやっといてくださいな」でもいいのです。

掃除と作りおきを依頼すると帰宅してからの負担がかなり軽減されます。

いつもの生活を振り返ってみると朝が一番忙しいでしょう。疲れているからギリギリまで寝ていたいですよね。

ぐちゃぐちゃの台所とテーブル、
洗われた食器が入ったままの食洗機、
洗濯できなかった洗濯物、
山のようになっているたたんでいない洗濯物、
いつまでも片付かないおもちゃ、
いっぱいになっているゴミ箱、
保育園用に買って来てあるものの開封してないタグが付いたままの衣類やタオルたち、
脱いだままのパジャマ、
昨日買ってきて食べた大量の食べ残しつきのプラ容器・・・

イライラして子どもを保育園や幼稚園に預けた時にはすでにヘトヘトなのに、夕方まで仕事をし、また子供を迎えに行ってはカオスに戻るという生活を送っていませんか？

私は「大変なのはあなただけじゃないし他にもたくさんいますよ。贅沢言わないで。」

と伝えたいのじゃないのです。「今、あなたはすごく大変なんじゃないですか？」と聞いています。

大変なんだから誰かに外注すべきなんです。

外注することに躊躇することがあなたの心身の健康を蝕み始めているのではないでしょうか？

このような状況は家事代行では日常茶飯事です。

あなたがすごく頑張っている現場に私が助けにいきます。

家事代行を利用すれば朝ぐちゃぐちゃのまま出ていっても良いんです。

帰宅したお家はピカピカになってなんとごはんもできています。

そして今日頑張ったのはお子さんも同じです。頑張って甘えたい！と思っています。

今まで甘えたがっていたお子さんを煩わしいと思って罪悪感を抱いていませんでしたか？

煩わしいのは疲れているから当然なんですよ。

自分の時間を全て仕事・家事・育児に割いてきたんですから疲れてないわけがないです。

お子さんのことはかわいいでしょう。お子さんとイチャイチャして過ごすためには家事代行を利用するのが一番手っ取り早いのです。

私が行く家では家の中心である女性の負担が減ることで余裕ができて心身が健やかになり全てがうまく回り始めます。

自分のやってもらいたいことを思いつく限りやってもらいましょう。

2回目くらいまで細かく指示をしていただければ、全体を把握してあなたの良いように適切に家事を済ませていきます。

「あぁ、これもやっといてくれたのね！助かった！」と思えるように「ここをこうしてほしい」と詳しく教えて下さい。

私の家事代行3時間スケジュールの中身

私が伺う家は共働きや育休中のお家で一般的な戸建てか２～３ＬＤＫのマンションです。時間は10時からのお約束が多いです。

洗濯物は、洗濯機をもう回してある状態が多いです。

私が３時間で何をやっているのかというと、一例ですとこのようになります。

９時55分　お客様のお家に到着

本日の打ち合わせ。留守宅ではメモなどを確認します。

本日の作業の優先順位を決めます。

例えば、洗濯物が大量な時や、天気が久々の晴天・午後は雨の予報ならば洗濯を最優先にします。留守宅ならば、作ったおかずは冷蔵庫に入れるので、冷ます時間が必要になるため調理を優先します。

手を洗い、エプロンと三角巾を装着します。

調理開始前に冷蔵庫内を確認し、リビングを片付けます。

テーブルの上の朝食を片付けて椅子を上げます。

お掃除ロボットを始動させ(ルンバがなければ掃除機をかける)台所を片付けながら調理を開始します。

材料を出してとりあえずまな板と包丁を確保します。

煮るだけのものから始め、出来上がる頃に台所の片付けも同時に終了させます。

コンロ・壁・床などを拭き掃除しシンク・水道の蛇口なども磨いておきます。

調理は煮るか焼くかしながら次の材料を切って、出来上がると同時に次の材料を火にかけます。コンロが２つしかない家もあるので順番をよく考えながら進めていきます。

調理と掃除洗濯をご希望の場合は5〜10品、調理のみなら15〜18品くらい作ります。

生ゴミを処理し、ゴミを片付けます。

11時30分

水回りの掃除
玄関と1、2階のトイレ(床・蓋・便器内外・ペーパー補充)と洗面所(シンク・化粧品や歯ブラシ・コップなどのぬめり・排水口・鏡)を掃除します。
お風呂掃除(浴槽・浴槽内給湯口・床・椅子・蓋・シャンプーボトル類・排水口)

12時
2階の床掃除、階段掃除。
全体の片付け。
ベットメイク。
洗濯干し、洗濯たたみ、ナプキン類のアイロン。

12時50分

おかず類を冷蔵庫に入れる。
やり残しがないか確認。（お客様とも一緒に確認）

13時　退出

留守宅の場合は施錠し実施内容をメッセージしておく。

書き出すとたくさんありますね。

果てしない家事

いかがでしょう？これらを普段仕事をしながら、ひとりで全てやるのは無理ではないですか。

家事は一朝一夕でできるものではなく、スキルのかたまりです。

家事にもプロがいるわけです。

私が仕事で家事をやる時は、ゴールを明確にし、次の次の次くらいまでやることを把握しながらやっています。

次に何をすればよいのかがわかると、自然と段取りが決まります。

この段取りが、時間内に終わるかどうかの差を作るので内容把握は重要です。

終わらないからといって勝手に終了時間を変えてはいけません。

時間内に終わらせることは、お客様の時間を大切にするということです。

また、時間より早く終わってしまった場合はお客様に聞いたり、自分でやることをお客様に提案したりします。

『家事』と一言にまとめてしまうと、なぜか全然大変そうに見えないですよね。


ごはんを作る作業についてひとつひとつ書き出してみても

①家族の好き嫌い、アレルギーを把握する
②献立を考える

③買い物に行って、帰ってきて冷蔵庫に入れたりする
④予算内におさめる
⑤食材の在庫管理をする
⑥調理器具や食器、カトラリーの管理
⑦調理をする
⑧片付けをする
⑨ゴミの仕分けと管理
⑩残ったごはんの管理
⑪冷蔵庫の管理
その他もろもろ。

果てしなくないですか？
ごはんを毎日作って家族に食べさせるのは本当に尊い作業なのです。
これを丸投げできますよ。
家事とひとくくりにされてしまう膨大な作業を、ずっと一人で背負わなくて良いの

です。

家族に頼むのが嫌だ、伝わらないなど理由はいろいろあると思いますが、他人にお金を払って依頼をすることを解決策のひとつに是非加えてみて下さい。

とても良い解決策になるはずです。

私が家事代行で代行できないことは

・幼稚園や学校に出す書類を書く
・お子さんと家にふたりきりの子守り
・介護や看病
・家庭教師のようなこと
・ペットのケア
・曖昧すぎる指示の買い物（例えばうちの子に似合いそうな服を選んで買うなど）

このようなお客さまの代わりになれないことや、家事のプロ以外に依頼するべき内容は出来ませんが、ほとんどのことには対応しています。

「何をやってもらおうかな」と構えたり迷ったりせずに「何でもやってもらおう！」と気楽に頼ってください。

第3章
家事代行を利用している皆さんの特徴とは

30～40代の共働き子育て世帯のニーズはかなり高目

家事代行を利用している私のお客さまは、30～40代の共働き子育て世帯が最も多いです。

お子さんの年齢は3歳未満の子が多く、保育園に通うお子さんを夫婦で送迎を分担しているのは半分程度です。

私が伺うと、ほぼ継続利用を希望されるので、結果的にお子さんの成長を一緒に見守っています。

保育園や幼稚園、小学校、と果てしなく続いていく子育てに伴走している感じです。お客さまのお子さんたちはみんなかわいいです。

私も子育て経験者なのでちょっとした疑問には「当時はこうでしたよ～」などと先輩風を吹かせていますが、時代はどんどん変化していてお客さまから初めて聞くこともたくさんあります。

30～40代共働き子育て世帯以外のニーズ

30～40代共働き子育て世帯以外のニーズを列挙しますと

- 独身女性一人暮らし
- 独身男性一人暮らし
- パパが正社員でママは専業主婦の世帯
- 未亡人で子供がいる世帯
- シングルパパで子供がいる世帯
- 離れて暮らす老親のところに行ってほしいという依頼
- ママが妊娠中の世帯
- 出産したばかりの世帯

等々と分類することが出来ます。

家事代行を利用できない人は基本的にいないので、どんな依頼もほとんど引き受けています。

過去に唯一お断りしたのが、外国人世帯からの依頼で性的サービスはないのか？と聞かれたお家です。それ以外はお断りせずに行っています。

夕方の情報番組に出てくるようなゴミ屋敷でも大丈夫です。

家事代行を仕事にしているのは女性が圧倒的に多いので、『独身男性一人暮らし』世帯での利用は少し厳しいかもしれません。

私は今まで危ないお客さんに遭遇したことはありませんが「単身男性お断り」と掲げて仕事をしている人も多いです。


男性一人暮らしでお引き受けしているのは常に留守というお家です。食事はほぼ外食のため、掃除と洗濯だけ伺っています。

初回の依頼時に電話で打ち合わせをしたところ『衣類の整理ができない』とのこと。初回と時々はご在宅ですが、基本的に留守です。

合鍵を預かっているのでお客さまの出勤後に伺い、作業をして料金はかかった時間分をいただいて、お客さまの帰宅前に退出します。

作業終了の連絡後に次回の予約を入れてもらいます。

また、高齢化社会となり親と離れて暮らす人も多い中、老親の家に行ってほしいとの依頼もあります。

親は自分で申し込み等ができないからとお子さんからの依頼です。

このような依頼は今後増えていくだろうと思っています。

安否確認にもなるし、冷蔵庫の中身確認はかなり重要な仕事になります。

将来的には介護サービスの利用を検討したほうが料金も安く済みますが、介護サービスが必要となるまでの繋ぎとして活用できると考えています。

私が行っていたお家では、布団干し・掃除・買い物代行・調理・冷蔵庫整理などをやっていました。話し相手としても親御さんの安心とお子さんの安心のふたつのお家でお役に立てる例です。

そして意外とあるのがシングル世帯でのご利用です。

離婚してパパが子供を引き取った場合、仕事が離婚前と変わらず忙しく、家事まで出来ないことがほとんどです。

ご両親に頼ることになったとしても今まで核家族で暮らしていれば、簡単には来てもらえません。

シングルマザーのお家では、未亡人となった人からの依頼が多いです。

離婚でシングルになった女性からは、自分と子供だけだと家事が楽になるからなのか依頼が少なめですね。

家事がいきなり少なくなった気がするのですよね。私だけでしょうか。

また、私が共働き世帯と同じく力をいれているのが産前産後の世帯です。

赤ちゃんが生まれたばかりのママの身体はボロボロですから、絶対にママに負担をかけないでほしいです。

この時期に夫婦に亀裂が入ってしまうのは本当によくある事例です。

ママの心身にかかっている負担を理解しないパパとの生活はストレスしかありません。

2人でいるのに、生まれたばかりの我が子を自分ひとりで育てなければならないのだろうか、という不安でいっぱいになると、いつも以上に分かってもらえないことが辛い時期となります。

性教育から国をあげて意識改革をしていくべき事項だと思っているのですが、私ひとりの力ではどうしようもありません。

ママは妊娠したときから体にも心にも負担がかかっているのに、パパは心も体も変化がない場合は家事代行を利用するハードルは高くなってしまうかもしれません。

仕事をしていようが出産したばかりであろうが、家事育児は女がやるものと思っている男性はいまだにたくさんいます。

でも、ここで諦めずに話し合いができたら家族みんなの意識も変わるかもしれません。

家事も子育ても、ひとりでやるものではない！という意識を共有していきましょう。

私は通常の家事代行の他に千葉県袖ケ浦市で産前産後ヘルパー事業所として、日々産前産後のママのところで家事代行や赤ちゃんのお世話もしています。

袖ケ浦市では市役所の事業ですから市民の方が利用できます。

その他の地域の方は制度としては利用できませんが家事代行として伺うことができますので、小さい赤ちゃんがいるお家に伺うこともよくあります。

そして数は少ないものの、依頼があるのがパパは正社員、ママは専業主婦の世帯です。

こちら整理収納・掃除の依頼がほとんどです。

料理は得意だけど片付けることが苦手で、毎日散らかった家に困ってしまい、という依頼をしたというパターンです。

家のなかをひとりで片付けると、時間を区切るのが難しくなかなか片付きません。

今日はここまで、続きは明日と考えていても続きの明日は来ません。誰かと一緒に時間を決めてやると片付きます。

最近では、不要品販売サイトやオークションなどを活用して不要品を売るのも良いですね。

しかし、「これは売れるかも」と山のように不要品を抱えておくと収納を圧迫してしまうので、未開封のものに限定する・服は出品しないなどのルールを決めておく必要があるかもしれません。

客層は、やはり少し家計に余裕のある世帯の利用がほとんどです。

「高いから金額を下げてくれ」「何回も利用しているんだから割引してよ」と言ってくることはなく、気持ちよく料金を支払う人ばかりです。

私の利用料金は現在1時間5千円、3時間以上からお引き受けしています。

ほとんどのお客さまは1回1万5千円のご利用です。

1ヶ月の料金は毎週だと6万円、隔週なら3万円、月1回なら1万5千円円となります。

この金額を高いとするか安いとするかは個人差があると思いますが「高いなぁ〜もう利用はやめとくわ。」となったお客さまは3人くらいでした。

対価としては皆様にしっかり納得していただけているようです。

料金を支払いたくなる家事代行の選び方については第4章で解説します。

お客様からのご感想

ここで客さまの感想をひとつ紹介します。

『我が家は主人も私もフルタイムの共働きで、1歳の子どもがいます。私たち夫婦は2人とも仕事を長時間することが多く、平日は私が隙間時間を見つけて料理をし、洗濯をし、家事をこなしながら育児もするワンオペ状態です。

家事の中で料理が一番苦手だったこともあり、ストレスフルな毎日の中で、せめてなるべく時間をかけたくない料理を家事代行にお願いすることで、日々の精神的及び肉体的負担を減らしたいと思い、家事代行のおりとさんに料理をお願いすることにしました。

料理代行をお願いしたことは大正解！費用対効果も抜群です。

・1回でいつも13品ぐらい作ってくださるので、数日は料理をしなくていい

・自分は到底作らない料理を作ってくれる（揚げ物、春巻き、ハンバーグやポテトサラダなど手間のかかるものも美味しく作ってくれる）
・偏食気味の子どもも食べられる味付けにしてくれる
・子どもが食べる食材や料理を新発見（れんこんきんぴら、クラムチャウダー、キーマカレーなんて食べると知らなかった）
・ちょっとした話し相手になってくれる（グチも聞いてくれる）

これに加えて、私の精神的なストレスも軽減され、料理に充てなければならない時間を別のことに使えるので、イライラすることが減り、家庭も平和になりました笑。
家事代行を頼むことに確かに初めは躊躇しましたが、自分の苦手なことを得意な人にお願いすることで、心に余裕もでき、自分自身、そして家族全員がハッピーに過ごせるので本当に助かっています！』

このご感想は、まさに理想的な使い方で嬉しい感想です。
このように出産のために一時的に仕事をお休みしたけれど、仕事にやりがいを持ってフルで復帰する女性は少なくありません。

多くの家庭で結婚・出産が仕事への障壁になりがちですが、このような世帯にこそ家事代行の利用をおすすめしています。

特に日々の食事には皆さん頭を悩ませ、時間を割いています。外食やお惣菜を買ってくることに罪悪感を持っている人も少なくないし、離乳食から幼児食への移行につまづく人は数知れずです。

ごはんが作ってあるおうちに帰りませんか？

『ごはんを作ってもらえる』と文字にするとあっさりしていますがこの効果は絶大です。

今日はごはんをつくらなくて良いです。明日も明後日も作らなくて良いです。どうですか？ハッピーな気持ちになりますよね。

　私は料理が得意で仕事にもしているくらいですが、それでも今日は何にしようかなぁと、夕方にはなんとなく悩んでいます。

決まらないときのめんどくささ、
決まらない上に疲れている時のだるさ、
買い物に行かないと食材がなんにもない日の時間のなさ、
なんで私だけがやらなきゃならないのかという苛立ち、
買ってはみたものの使わずに傷んでしまった食材たち、
剥かなきゃ食べられないからカビが生えてしまった果物たち、
お迎えに行ってもらってくる洗濯物の山、
ハンコを押しておかないといけない紙パンツ、
エプロンとガーゼに連絡帳、
明日に控えている仕事の山。

たまにはごはんが作ってあるお家に帰りませんか、それは贅沢でしょうか。

掃除は週1回、整理収納は年1回でもいいのですが、ごはんは毎日のことです。

ごはんを毎日作って食べさせているということはだれも褒めてくれません。

しかし、なくなったらたちまちみんなが困るのですからもっともっと評価されるべきだと考えています。

毎日ごはんを用意しているあなたはとても偉くて素晴らしいし、努力家で家族思いです。

掃除だけを依頼もしていたお客様も私と話しているうちに「ごはんもお願いします！」となる場合がほとんどです。全部、やってもらったらいいのです。


また、ごはんを作るのはむしろ好きだし得意なお客さまもいます。

たくさんのスパイスや調味料が揃っているお家もたくさんあります。

私がごはんを作ることもありますし、私が家中をピカピカにしている間にお客さまは料理を楽しむこともあります。

その時間、お家にはとても穏やかな空気が流れます。

料理の良い匂いと、掃除から解放されて嬉しいお客さま。

私と話さなくて料理に没頭してもいいです。

その逆もあって私がごはんを作っている間に普段はできない掃除や整理収納をやるお客様も多いです。

私と話しながらやると捗るというわけではなく、ご自身と対話しているような雰囲気です。

また、もうひとつ長文のご感想を紹介します。

『私が２人目を妊娠中の時に動けなくなり、親戚も助けに来られる人がいなくて大変だったので、今後、妊娠や病気などで夫婦のどちらかが動けなくなっても親戚に頼らずになんとかなるように家政婦さんを探すことにしました。

来てもらった感想は、ただただ感動しました。

お料理は、自分達が作るよりも短い時間で美味しい料理がたくさん出てきて驚きました。

家族、皆、大満足でした！

掃除は、旦那には頼みづらい細かい所もやってくれて旦那にイライラすることが減りました。

整理・収納は、単にしまうだけでなく家族が使いやすいように整え、自分でやるよりもスピーディーに片付けてくれて驚きました。

今、悩んでいる人は是非一度使ってみて欲しいです！』


この感想をくれたお客さまは妊娠前に私を見つけて無事に妊娠出産、そして仕事へ復帰と家事代行をとてもうまく利用している見本のようなお客さまです。

ご夫婦が険悪だった時代を私は見ていませんが、現在はとても仲良しです。

お子さまたちも日々、成長していてもう春から小学生です。

しがらみのない他人であり、近所のおばちゃん的な要素もある家事代行は、地元以外で家庭を築いている若い夫婦には特に心強い味方になると思います。

そしてこの感想にもあるように本当によくある意見が『家族や親戚には家事を頼みづらい』ということ。

家族に頼みごとをするのはお互いの距離が近いからなのか、無遠慮になり過ぎてしまうからなのかお互いに気まずくなりやすいです。

言われた方が不機嫌になることがあるため、言うのにためらいが生じます。

家族なんだからわかってくれるはずという期待も大きいと思い通りにならない時の落胆も大きいです。

頼みづらいし、頼んでもがっかりする結果になるなら結局全てをひとりで抱え込んでしまうのです。

ここでも、女性の負担は男性より大きいのが目立ちます。女性の「ここまでやってほしい」は、やはりやってもらえないのです。

家事代行では完全に味方の他人が来てくれます。

些細なこともこころよく引き受けてくれる最高の他人であり、家事のプロですからあなたの今までの不満は、解消されるでしょう。

たくさん甘えてくださいね。

そして私が思う理想のお客さまとは、『図々しい人』です。

「えっ?図々しいって?」と思うでしょう。

この「図々しい」の意味は「そんなこともお願いしちゃうの?」という意味です。なんでもかんでも「やっておいて下さい」とお願いできるメンタルのことです。


家事代行をせっかく利用しているのですから、思い通りに手伝ってもらえないストレスを感じないようになんでもやってもらうのが良いです。

遠慮は無用です。

「これもお願いしちゃっていいかなぁ」と悩んでいる間に利用時間は経過してしまいます。予約した時間いっぱいを最大限、利用しましょう。


私がのべ千件以上のお家に伺ってみて家事全部が得意で、やる時間もやる気もある!という人はいませんでした。

・得意だけどやる時間がない
・苦手だしやりたくもない

・得意だけどやりたくはない
・苦手だから手伝ってほしい
皆さん、家事ができない状況です。

「誰か助けてほしい！！」という共通のご希望で私は毎日、さまざまなお家に伺っています。

女性の機嫌が良いと家庭は円満

それからどの家にも共通することといえば、『女性の機嫌が良いと家庭は円満』ということです。

女性の機嫌が良いことが一番の家庭円満となります。

女性は深く深くたくさんのことを考え、全体を把握しています。過去の経験からも、常に現状を改善していきたいと思っています。

そして出産後には、ほぼ100%のお家でママが育児を担当しています。

家のことを全て任される要人です。

家族のなかでいちばん大変なのが女性になります。

この人の機嫌が悪いとどうなるでしょうか・・・機嫌の悪さの波紋は家庭全体に及びます。

なぜ、機嫌が悪いのでしょうか？

それは『負担が多過ぎる』からです。


この負担を何事もないようにこなしている人もたくさんいますが、実際は何事もなくなんかありません。

マルチタスクに仕事家事育児をこなしている人が多くいますが、やるしかないからやっているだけなのですよね。

私にたどり着いてくださるお客様は限界を感じて検索してきてくれるのですが、限界を超えてしまうと検索することもできなくなってしまいます。

少しでも余裕のあるうちに家事代行してくれる人を探しておきましょう。

また、ご夫婦での意見の相違もよくあるパターンです。

他人が家に入ってくることを嫌がる男性が多いのです。ずっとパパに隠して利用している人もいるくらいです。

ここは大変ですが、ぜひ話し合いをして下さい。

今、困っている現状を２人で共有しましょう。

追い込まれている状況をパパは理解していないものです。

マルチタスクになんでもこなしてしまうあなたの有能さが自然過ぎて、パパが気づいていない可能性が大です。


今、完全にキャパオーバーしていませんか？

家事代行を利用しない理由は何ですか？

感想にもあったように最初は利用を躊躇していたかたもたくさんいます。

なぜならば、日本には家事代行の文化がまだ根付いていないからです。

文化というものは意外と深く私たちに影響を及ぼしていますから躊躇して当然なのです。

しかし利用された方は『もっと早く家事代行を使えば良かった』と口を揃えて言われます。

この躊躇を乗り越えた人からどんどん楽になっています。

今まで1人でやっていたことをプロが代行しに来てくれるのです。

あなたのために、家族のために、家事代行は力を惜しみません。

あなたの周りに家事代行の利用者がいたら話を聞いてみて下さい。

利用した感想を話すとき、興奮気味ではないですか？


私のお客さまも友人に利用体験を話すことがあるとものすごく盛り上がってハイテンションになるそうです。

ご友人もお客さまの話を聞いて、地元で家事代行を探したり私に申し込みされたりします。

利用したお客さまは誰にも教えたくないし秘密にしたいとは思いません。「ねえねえ、ちょっと聞いてよ！」と言いたくなります。

家事代行を利用したら、是非、ＳＮＳなどで発信をして下さい。

是非、口コミも書いてください。

皆さんと同じように大変な人たちがあなたの発信を見ています。

救われる人が増えていくはずです。


家事代行が気軽なサービスだとわかると生活は一変していきます。

是非、一度利用してみて下さい。

合わなかったらやめるのも自由ですし、いろんな人を試してみたって良いのです。


そして今後も依頼したい人と出会えたら、この日までがんばれば大丈夫！という期限付きの生活が始まるわけです。

今日までは無限地獄で未来が見えなかったかもしれませんが、もう心配ありません。

ひとりでがんばらなくて大丈夫ですよ。

第４章
家事代行の利用方法とメリット・デメリット

家事代行の利用方法は次のような流れになります。

まず、最初は「家事代行業者を探す」です。その次は「問い合わせをする」です。最後は「日程を決めて利用する」です。

それでは具体的にそれぞれの詳細について語っていきますね。

利用方法その1　家事代行業者を探す

家事代行には大手業者と個人業者があります。

大手業者のメリットは替えのスタッフが見つかりやすく、画一的なサービスを期待出来ることです。

個人業者のデメリットは替えのスタッフがいないことですが、メリットとしてオーダーメイドのようなきめ細かいサービスを期待できます。

まずは来てもらえる家事代行業者を検索してみましょう。

『家事代行　お住まいの地名』で検索すると多くの業者がヒットします。

ヒットした業者を上から順番にひとつずつ開いて見てみることをお勧めします。

業者により、出来ることと出来ないことが明記されています。

そのページを見てどうしても分からないことが出てきた時は実際に利用する前に問い合わせるのが無難です。


検索してヒットする家事代行紹介サイトは上から下までしっかりスクロールして確認しましょう。

私のような個人業者は地元ポータルサイトの一番下の欄に載っていたりします。

個人業者は固定客で埋まって予約が取れないことも多いのですが、とりあえず聞いてみて下さい。

キャンセル等で空いている日がたまたまあれば、そこから定期的に来てもらえる可能性があります。

難航しがちなのが対応エリアです。

例えば、私が住んでいる千葉県では、私の住所より東・南の方はかなり田舎です。

ひとつひとつの市が大きく、同じ市内でも対応エリア外となる場合があるため、手間はかかりますが、きちんと確認しておきましょう。

『ギリギリ対応エリアから外れている問題』は大手業者では融通がききにくいので、個人業者の方が依頼しやすいと思います。

利用方法その2　問い合わせをする

気になる業者が見つかったら問い合わせしてみましょう。

ほとんどの業者の問い合わせは無料のはずなので、やってもらえることを確認して下さい。

1件だけではなく複数候補をピックアップしておきましょう。

問い合わせ時の雰囲気もチェックしましょう。嫌な感じだったり、門前払いのような扱いを受けたら、依頼候補から外すのが賢明です。

私も今は予約が立て込んでいるけれども、予約問い合わせがあった時には、どうにか皆さんの予約を受けられるようにと日々、時間をやりくりしています。

お問い合わせだけのことも時々あります。問い合わせをしたら必ず利用しなければならないわけではありませんのでぜひ安心してお気軽にお問合せ下さい。

問い合わせの返信が24時間以内に来ない場合は廃業している可能性が高いです。

業者はお客さまが何をしてほしいのかを数回のやりとりで把握しなければなりません。

ほとんどの場合がメール等のメッセージでやりとりになりますが、難航する場合は電話でのヒアリングもします。

私は電話で話す方が好きですが、お客さまは忙しい人ばかりなので電話できないこともあります。

メールだけでは、おおまかなことしか打ち合わせできないかもしれませんが、利用当日に直接、自分の要望を伝えることもできます。

『言わなくてもわかってほしい』という要望も多々ありますが、これはベテラン家事代行にしか期待ができないので、できるだけ細かく伝えるのが良いです。聞いていることちらとしては詳しく言ってもらえればもらえるほど助かります。
家事代行業者はお好きなところを選んで下さいと言ってしまうと終わりなのですが

・対応エリア
・料金
・最低遂行時間
・サービス内容
・スタッフ指名制度の有無
・指名料金の有無
・定期契約制かどうか
・単発で依頼できるか
・損害賠償保険に加入しているか
・交通費別途か、含まれているか
・選べない場合のスタッフの性別
などの条件をまずは調べてみて下さい。

問い合わせ代表電話にかけた方が早い気がしますが、問い合わせフォームが必ずありますから、まずは来てもらえるのか確認しましょう。
そして皆さんが直面すると考えられる問題が、１人を呼んだだけでは家事全てやってもらえない可能性があることです。

私は掃除と洗濯・整理収納・作りおきと全ての家事に対応しているのですが家事代行では
・掃除のみで作りおきはしない
・作りおきのみで掃除はしない
・整理収納しかやらない
という人が多数を占めています。

最初は条件に当てはまる人を探し当てるのに苦労するでしょう。
その時は掃除の人と料理の人の二人を利用することも視野に入れて下さい。
または、掃除とごはんのどちらがより困っているのかを検討して依頼するのも良いかもしれません。

オールマイティーにやっている家事代行業者はやはり人気があるので予約は取りにくいです。もし見つかったらラッキーだと思います。

利用方法その3　日程を決めて利用する

利用を開始したら定期的な予約をした方が良いです。

毎週月曜日とか、隔週とか予定をおさえておかないと、すぐに予約がいっぱいになり来てもらえなくなってしまいます。

しかし定期的な予約をしていても、この日は子供の行事があるのでスキップしたいということは多々あるはずです。

その予約の穴は単発のお客様がすかさず予約を入れてくれるので、それほど神経質になることはありません。

但し、あまりにもキャンセルが度重なる場合は今後の予約ができなくなる可能性が高くなります。

自分が留守でも大丈夫なように予め合鍵を渡しておくなどの準備をしておくとよいと思います。

私も以前、毎回のように予約を直前にキャンセルするお客様がいて、予約は受け付けないかわりに前日などの直前に問い合わせしてもらうようにしました。すると、その方が他で出たキャンセル分をうまく埋めてくれることもあり、お互いのストレスが減りました。

家事代行業者は、出来る限りのことをしたいと思っていますから、このように対応が出来て良かったと思っています。

キャンセルされて困るのは私もですが、その時間で利用したかった他のお客様がいるわけで、とてももったいないです。

他のお客様も皆さんと同じように困っているのです。なるべく直前キャンセルをしないようにお願いします。

口コミの重要性

家事代行業者の選び方で条件の次に見るポイントは口コミが非常に参考になります。

どの口コミを見ても悪い評価を付けている人がいます。その評価を付けている人が他の業者にも悪評を付けている場合はスルーでＯＫです。

そんなことで？というクレームを書く人も中にはいます。

しかし、読んで自分も納得できるような具体的なクレーム内容のことを書いてある場合は信憑性があります。

反対に良いことばかりが書いてある場合、（皆さん、良いことを見つけて書いてくれるのですが）これもリアルな内容なら信憑性があります。

『ありがとうございました。またお願いしたいです』という短い文言ばかりが続いている人や口コミ文がなく星の評価しかついていない人は可もなく不可もなく、どちらかというと不可寄りです。

５点満点で３点代の人はあまり良くないでしょう。口コミがきちんと書いてあるのは、お客さまが口コミしたくなるような仕事だったということです。

満点を多く叩き出している人を選びましょう。満点ばかりでリピーターが多い人は確実によい仕事をしてくれます。

口コミに対して業者の返信が付いているものはよく読んでみて下さい。

短い文章にも人柄が必ず出ます。お客さまに感謝して仕事ができる人は返信が短文でも丁寧です。


料金設定が安い人は新人か自信のない人です。

気を付けてほしいのは、経験年数がそれなりなのに安い人です。

自信がないからと安く設定している時点で『安くしておくので大目にみてほしい』という気持ちが現れています。

安物買いの銭失いとはよく言ったものでお勧めしません。


逆に料金設定が高い人はベテランまたは自信のある人です。

高いように感じるかもしれませんが、満足度はかなり高いでしょう。

こういう感じにしてほしいという曖昧な要求にも的確に応え、次回から言わなくてもそうしてくれます。

お客様が話したい時には話して放っておいて欲しい時には黙々と、逐一伝えなくてもしてほしいことを完了し、空気の様にその場に馴染むのがプロです。

プロは目障りであってはいけません。

また、プロフィールの顔写真を見て、好きな顔の人に決めても良いかもしれません。嫌だなぁ~と思ったら、やめておいたほうが良いかもしれません。少なくとも清潔感のある人を選びましょう。

プロフィール写真に顔写真を載せていない人はプロ意識に欠けているかもしれません。

自宅という最大のプライベートゾーンに入ってくる人が当日まで分からないというのはお客様の不安要素になるため、私は顔写真をプロフィール写真に載せています。

私なら顔を出さない人に仕事を依頼したいと思いません。

それからアピールポイントを見ましょう。

大手サイトに登録している個人業者にも得意・不得意があり、詳細に書いてあります。

そこに一番その人らしさが出ますので読んでみて下さい。

実施できる内容が具体的ではなく、「なんでも言って下さい」としか書いてない人には依頼しづらいと思います。

問い合わせすることになるとしても、ある程度は情報が欲しいですよね。

逆にあれもこれもダメと、ＮＧ事項が多過ぎる人はそもそも仕事が嫌いです。

その人に依頼しても希望通りにはしてもらえません。

『それは承っていません』と悪気もなく断られてしまうので、お金の無駄です。

出来る限りの対応をしている人は臨機応変にしてくれますし、ＮＧ事項もスマートです。

大手業者ではない個人業者の場合は、その人の名前で検索して下さい。

きちんとしたホームページがある人は信頼できます。

アピールポイントも読みましょう。自身で口コミを載せていることもありますが、具体的な内容が載っているかが見極めポイントになります。


ちなみに、私は過去についた低評価はひとつだけで『仕事が速すぎて、何を頼んだらいいか困った』というものでした。

これはどうしたら良かったのか未だにわからないです。

「何でですか？」と確認できないのが口コミ評価の難点ですね。

『ほんとに全部やったのか？』と疑われたのかもしれませんし、もっとゆっくりやっても満足してもらえなかったかもしれませんね。


私の実績は現在、家事代行歴10年、のべ千五百件を超えているのですが、その中で思い出す私の失敗といえば・・・

・炊飯器の内蓋を装着しないまま外蓋を閉めたら、何故か二度と開かなくなってしまい、修理に出すことになった(研いだ生米入り)。
・炊飯器のスイッチを入れ忘れた。
・鍵の開閉に失敗し、防犯装置を鳴らしてしまった。
・クーラーのスイッチを切り忘れて退出した。
・午前の依頼で魚焼きグリルを洗い忘れていたことを午後の現場で思い出して、午後の現場が終わってから午前の現場に戻って洗浄した。
・お昼をまたぐ6時間ぶっ通しの依頼で自分の昼食を持参し忘れた。

うっかりしていたという失敗ばかりです。

失敗は他にもあったと思いますが、二度目の依頼のない人の不満は分からないものです。

来てくれる人が見つかったら同じ人に依頼してもいいし、色んな人を試してみても良いです。自分にストレスが少ない人を利用して下さい。

業者から「なんで他の人を使うんですか?」と言ってくることはありません。

他人に依頼する・他人を家に入れる・プライベートゾーンを見せるという強いスト

レスを乗り越えてからのスタートなのですから、妥協せずに見つけてください。

私はお客様に選んでいただけた時には、なんか嫌だなと思われないように身だしなみに配慮し、訪問時に警戒されないように、お客様のニーズを取りこぼさないように、ストレスや足手まといにならないように心がけ、臨機応変に仕事をしています。

なんか嫌だなと感じる人は、ストレスになるので、その人に依頼するのはやめましょう。

お金と時間は大事です。それより依頼してくれたあなたが大事なのです。ストレスは本当に心身を蝕みます。

ストレスを解消したくて依頼しているのに、来た人にストレスを感じることは避けたいですね。

仕事ぶりは良くても、どうしても好きになれないということがあると思います。

それは仕方ないことです。代わりの人を探す手間がまた発生しますが、利用の中断は気軽にして下さい。

残念だなぁとは思うけれど、相性もあります。あまり気にしてはいません。

私は初めての利用申込み時点で次回のご予約もしようとするお客様には『相性もありますので、利用してみてからご検討ください』とお伝えするようにしています。

「なんか合わないなぁ・・・」と思っても次回が決まっていたら、断りにくいじゃないですか。

気軽にキャンセルしても構わないと言われていても『お断りする』ストレスが発生してしまうのは避けたいのです。

予約をしたくないと思ったら『また予定を確認して連絡しますね』等と言えば良いと思います。

しかし、初回利用の清算時に『次回の予約をしますか』と聞くと、ほぼ全員のお客さまに次回もご予約いただいています。

家事代行で何をしてもらえるのか？

家事代行を依頼したら一体何をやってもらえるのか、もう想像がつくでしょうか。
パターンは次のような感じになります。料金は３時間利用で１万５千円です。

パターン①　家事全部お任せ
全部やってほしい人向け。
基本的になにもしなくて大丈夫です。掃除・洗濯、作りおきをやってもらえます。
お客様にお願いするのは食材の買い物と家事代行業者とのやりとり程度です。
買い物代行も依頼できます。

パターン②　作りおきのみお任せ
掃除と洗濯は好きだけど、ごはんを作りたくない人向け。
作りおきのみを依頼できます。

パターン③　掃除のみお任せ
ごはん作るのは好きだけど、掃除と洗濯は苦手な人向け。
調理以外の家事を依頼できます。

パターン④　整理収納
片付けが苦手な人向け。
１回では完了しないことが多いので２～３回は必要かもしれません。
ずっと継続という利用方法もありますが、単発の方が依頼は多いです。

パターン⑤　老親の家に派遣
自分ではなく親の家に行って欲しいと思っている人向け。
今まで「そんなのいらないよ」と拒否する親御さんはいらっしゃいませんでしたが、利用し始めるためには話し合いが必要です。
派遣先では親御さんに話を聞きながら家事を進めていきます。

パターン⑥　産褥期（産後8週間）の体力温存

パターン①とほぼ同じですが、業者によっては赤ちゃんの簡単なお世話もお任せできる場合があります。

私は千葉県袖ケ浦市で産前産後ヘルプ事業所として沐浴やミルク、子守り等も対応しています。

また産褥期を過ぎても、育児は果てしないですから　家事代行を導入するとかなり助かると思います。


依頼が多いのはパターン①です。

それぞれのご家庭でやってほしいことは様々ですが家事をやる暇がない！という共通事項があります。

利用前日に皆さんから「明日はお願いしますね！」との連絡がだいたい来ます。

お子さんが風邪をひいたから保育園を休んで子供を見ながらの在宅ワークだったり、定期的に届く日用品の段ボールを開けることもできなかったりと、家事は完了することがないです。

前回から今日までの間に家中がまた散らかっているのでしょう。

私が来る日を心の支えにしている人は多いです。

だからというわけではないですが、私は体調管理をしっかりしています。

代わりの人がいないので休むわけにいかないのです。

「とにかく誰か助けてほしい！！」と皆さんが探してくれたおかげで、私も毎日仕事ができています。

毎日仕事して育児して、家事までやるのは本当に大変なんですよ。

食洗機やお掃除ロボットを導入したり、難なくこなせる人もいますが、時間はそれなりに割いているはずです。

時間を捻出するのに睡眠時間や様々な時間を犠牲にしているかもしれません。睡眠時間だけはぜひ確保してほしいです。

家事代行を依頼するデメリット

・お金がかかる
・業者の選定に時間がかかる
・導入するのに家族との話し合いが必要

です。

お金がかかるのが最大のデメリットですね。

新たに予算を組む必要がありますから。

確かにお金はかかるのですが、作りおきを依頼しているお客さまから『外食が減って、きちんと食事するようになり、体重が減った』というお話しを聞きました。

家事代行を利用すると、むしろ節約になったと言われることが多いです。

野菜をたくさん食べて、肉や魚も玉子も利用するまでの食生活とは比べ物にならないくらい食事は充実します。

きちんとご飯を食べることは健康の基礎です。健康面が改善されると病院に行く回数も減るので医療費も減ります。

作りおきでは冷蔵庫の中の材料でおかずを作っていきます。

冷蔵庫の整理にもなるし、ストック食材を使うし、在庫の管理も業者と一緒にやるようになりますから、無駄な買い物が減ります。

たまに指定のレシピを希望されることがあります。

私はレシピを見ながら作るのはあまり得意ではありませんがリクエストには対応しています。

また、前述しているように最初は人選に難航すると思います。

家事代行業者がたくさんヒットする割に、これという人を見つけるのは難しいです。

忙しくて来て欲しいと思っているから、じっくり選んでいる時間がないのですよね。

そんな時は、とりあえず単発で最初にヒットした業者を試すのも良いと思います。

それから家事代行を導入したいという気持ちが家族内で揃っていないと話し合いが必要になってきます。

お金をかけられないなら利用はできないし、他人が家に入るのが嫌なら利用はできません。

家族の誰かが『家事代行は贅沢なサービス』と思っているうちはハードルが高いでしょう。しかし、私は家事代行は決して贅沢なサービスだとは思いません。

普段、自分が負担している手間と時間を考えたら、かなりお手軽なサービスと言えます。

家事代行を依頼するメリット

・家事から解放される

・ごはんの献立に悩まされなくなる
・家の中がきれいになる
・パートナーにイライラしなくなる
・仕事が捗る
・今まで家事に割いていた時間を自分や家族のための時間に充てられる

などが挙げられます。


家事から解放されてみたくありませんか？

家事をするという発想もなかった子供の頃のように、誰かがやってくれる。

当然、自分は家事なんかやらないという時代が皆さんにもあったはずです。私もあの頃は、ありがたみなんて分からなかったですね。

家事が終わった家の中はとても清々しく、空気もおいしい気がします。

ごはんを作らなくていい日があったら嬉しいと思いませんか？

他人が作るごはんの魅力は自分ではやらない味付けやごはんができている余裕、たくさん並んだおかずを見た時の高揚感があります。

「あなたがやってよ！私だって疲れてるんだから！」と言い争いをしなくてすみます。

余計なことに縛られないので仕事は捗ります。

他人が家に来ることが心地良い緊張感になるでしょう。

たくさん具体的に書いてみましたが、どうでしょう。

そろそろ家事代行業者を検索したくなってきたでしょうか。

今日までひとりで、または夫婦だけで頑張ってきたかもしれませんが、これからは家事代行が助けてくれます。

今日まで本当にお疲れ様でした。

何でもお願いしてみて下さい。

第5章
家事代行で得られること
＝他人に頼る力

家事代行を取り入れた後の変化

家事代行を利用するようになると、その後どのように変わっていくかというと、まず一番大きなことと言えば、

『自分は独りじゃない』

ということが分かります。

文字にすればたったの9文字ですが、独りじゃないという事実を体感して実感するようになると、生活はすごく楽になっていきます。

「他人に頼る」と書いたり言うのは簡単だけど、なかなか出来ないことなんですよね。

私も過去、他人に頼るのが苦手で『嫌い』だと思っていましたから。自分なんかが、これくらいの仕事で頼るのは忍びない気持ちがあったからです。

あとは自己評価の低い人は他人に頼ることがとても苦手です。

自分の努力が足りないと思うのでしょうね。

実際はそんなことは全然ありません。今日という日まで皆さん、かなりの努力をしてきています。


自分が努力しているという事実は自分が一番良く分かっています。

誰からも評価を受けなくても良いのです。

評価するという次元のことではない。

良い悪いがあるとすれば「良い」しかないです。


『誰かから批判される』というのは妄想です。

もしも、仮に批判されたとしても別に良いのです。

あなたの実態を知らない人からの批判なんて全く気にする必要はありません。

実態を良く知る人から批判されたならば、逆にその人を批判してあげましょう。

私のお客さまで、私を迎える日までに努力していなかった人はいません。

そして今これを読んでいるあなたも、家事代行の選択肢を考えた時点でかなりの努力を相当重ねてきているはずです。

本当に大変だったと思います。

他人に積極的に頼りましょう

『他人』とはあなたの中ではいったいどんな存在でしょうか。

助けてもらえるわけがないと決めつけていませんか。

過去に誰かを頼ったけども裏切られてしまった経験もあるかもしれません。でもその経験は上書きしていきましょう。

家事代行で他人に頼れると分かった人は、家事以外の特に悩ましい『育児』も他人に頼ることが出来るようになります。

やってもらいたいことは一体、何ですか？

それを代行してくれる他人はいませんか？

そのサービスを利用するのに今まで躊躇していませんでしたか？

実際に家事代行を利用すると、今までのモヤモヤした悩みを吹き飛ばしてもらえるので、今日まで悩んでいたことはいったい何だったんだろうか、もっと早く利用すれば良かったと思うはずです。

すると、様々なサービスが世の中に溢れていることに気づきます。

子供の世話を他人に任せるのは保育園や幼稚園だけではありません。送迎サービス付きの習い事やベビーシッター等も活用が出来ます。

働きながら子供を育てるということは、だれか他人に頼るということです。

それを『申し訳ない』と思う必要はありません。

一昔前のように地域ぐるみで子供を育てる、というのは難しい時代です。

身近ではない他人を身近にする

今は、身近ではない他人を身近にすることで乗り越えていけると思います。

『身近ではない他人』とは、お金を払って使うサービスのことです。

身近過ぎる他人にはお金を払うことにはためらいがあると思うし、自分の思う通りにならなかった時に、モヤモヤを持っていく先がありません。

「こんなこと言ったら悪いかな」とか、「無理をお願いしてるし・・・」とか、「無料で引き受けてくれてるし・・・」、なんていうモヤモヤはもう終わりにしましょう。ただより高いものはないのです。もちろん、自分の家族や友達に頼る方法も良いと思います。

しかし、そのような縁の人に何かを依頼すると、必ず何かをお返ししなければなりません。

友達に子供を預かってもらったら、何かを差し入れしなければならないでしょうし、逆に何かをお願いされたときには断ることが出来ません。

友達の子供を預からなかったり、差し入れをしなくたって良いでしょうが、なかなかそうはいきませんよね。

「申し訳ないなぁ」と思いながら依頼する時間、差し入れを選んで買う時間、その時間は無駄ではないでしょうか。

その時間があったら子供と遊びたいし、自分のために時間を使いたくはないですか。


余談ですが、私も専業主婦だった時代にはよく知人の子供を預かっていました。

親友の子供なら全く気にしないんですが、ただ近所だからということで、自宅で他人の子供のお世話するはめになったことがあり、本当に嫌でした。

もちろん、お給料もないし、お礼の言葉はあったけれど、私が食べないお菓子とかをもらったような記憶です。

早く帰ってほしいと思いながら過ごす時間の長いこと。

当時断れなかった私には、「嫌われたくない」、「気に入られたい」といった気持ちがあったんでしょう。

でも、そんな人に嫌われても全く困らないし、気に入られてしまったら利用されるだけですよね。

子供同士も全然、仲良くなかったのでただの地獄でした。


お客さまや親友の子供はかわいいですが、他人の子供って自分の子供よりかわいいわけはないですから、預かる側には完全なる負担です。

友達が『いいよ！』と言ってくれた言葉は、言葉半分に聞いておき、必ずお礼をし、お返しをするようにしなければならないと思います。


そして、友達をお勧めしない最大の理由は、『何かあったとき保証してもらえない』からです。

友達のところで怪我をしたり、子供がそちらの家の何かを壊してしまったりしたらどうしますか。

「この程度で騒ぎ立てるのもなぁ」「これはちょっと許せないけど」「弁償しなければ」、などと言う揉め事は最も精神的負担が大きい事項でしょう。

実は、ほとんどの家事代行業者は『賠償責任保険』に加入しています。（一般の人は個人賠償責任保険に加入している人もいるかも知れませんが）

いくら保険に加入していようが、何か問題が起きたとき、その友達との縁は切れてしまうでしょう。

それから困るのは、当日預かってもらえるかが分からないこと。

「絶対に預かってね」と強く言うことは出来ないでしょう。

友達の家にも同じような年齢の子供がいれば、体調不良は日常茶飯事ですし、家族の用事や習い事など急に変更があったりするものです。

前回は良かったのに今回はダメな本当の理由を、私なら聞けません。

『今回はダメな理由』は前述のように様々あるのかもしれませんが『本当は嫌だから』がほとんどなのではないかしら。

友達同士で助け合いをするのはとても尊いことでありますし、そんなふうに出来る友達がいる人はお互い助け合ってやり過ごすのはとても良いと思います。

誇りだと思います。なんで頼ってくれないのって親友は思いますし、あなたも親友のためなら頑張ろうって思うでしょう。

しかし、全ての人がそんな人ばかりではないはずです。

新居を構えるのに転居したため、周囲に友達どころか知り合いもいないという人は多いです。しかも、子供を産んだら子供好きになるとは決まっていませんから。

全ての大人が『子供好き』ではないです。

友達のことは好きだけどその友達の子供は嫌いという場合もあることでしょう。

「友達同士で子供を預け合う」ということは、選択肢としてはアリなのだけど、仕事が非常に忙しい時や心に余裕がない時に、別次元の煩わしさに振り回されるのは辛いのではないでしょうか。

細かいすれ違いや小さな不満が溜まったあげく大きな爆発となり、最悪は友達を無くす恐れもあります。

仕事が忙しいからこそ、友達のことも大事にしていくのが良いと思うのです。

自分を大切にするということ

今の世の中はお金を払って使えるサービスは実にたくさん存在しています。

マッチングするまでには手間がありますが、そこで来てくれる他人は、プロですから、あなたの希望をしっかりと叶えてくれますし、話も聞いてくれます。

来た人が子育て経験のある人ならば自ずと会話も弾むでしょう。

私も子供が二人いて、お客さまがほとんど子持ちなので、お話しするとあるあるの共感の嵐となり、時間もあっという間です。


日々、家事育児をし、仕事をしていると、気を遣わずに他愛ないことを話す相手もいなければホッと一息つく暇もないことでしょう。

ここで友達やＳＮＳでの仲間とやりとりをすることも、とても心の栄養になると思いますが、ほとんどがテキスト上またはオンラインでの対話になりますよね。

気を遣わずに話せる人と実際に顔を合わせて、声色をそばで聞きながら、リアルな反応を見ながらの対話は、オンラインやテキストはまた一味違うと思います。

家事代行業者とは実生活での絡みがないですから、変な気を遣うこともありません。あまり知らない人にだからこそ言える話もあることでしょう。あとはその人からの経験談もとても参考になると思います。

逆に、他人と話すのに緊張してしまうとか、苦手という方も沢山いると思います。家事代行で来るような人は、相手のことを察する能力に長けていますから、話すのがあまり得意でないお客さまにはこちらかワイワイと話しかけたりしません。

少しのやりとりでしっかりと希望通りのことをやってもらえます。

話したくない場合には別室で過ごしたり、留守にしても全く問題ありません。

完全に他人であるプロに任せる！ということが出来るようになると、結果、自分に余裕ができ、そこで初めて、家族や親戚や友達のことまで考えてあげられます。

友達や親戚を頼るなと言っているわけではなくて、まずは自分を大切にするべきということです。

自分に余裕がないときに、他人にパワーを与えていると、必ず枯渇し、心はポッキリと折れてしまいます。

簡単に折れてしまった心は、治るのはずっとずっと先、またはずっと治りません。

そこまで、自分を放置してはいけません。

何度も書いていますが、あなた以上に大切な人はこの世にいません。

あなたがいるから、家族がいるわけですから。

家族を大事にするには、まず自分。自分が大切にされているという事実が必要なのです。

お金を払う、有料のサービスを使うということに躊躇しているうちはずっとこのまま疲弊していくことになるでしょう。

しがらみもわだかまりもなく使えるサポートが家事代行です。

知人ではない他人に頼りましょう。

すぐにSOSを出しましょう

私がもうこの時代からなくなればいいと思っているのがこれです。

『母親が苦労し、しかしそれを愚痴ったりすることなく微笑んで耐えて、子供が大人になったときに子供達がやっとそのありがたさに気付いて、「母は強かった」等と知ったようなことを言われて賞賛されること』です。

このような茶番劇は今後、消滅すればいいと思っています。

母親だけが苦労している現場に当事者として参加していかない、という風潮はもう時代遅れです。

ひとりで抱えて良いものなんてひとつもないのですから。

家事も、育児も、ひとりでやるものではありません。

誰かと、家族と、みんなで行うものです。

母親に限らずですが、人知れず涙を飲んで苦労するような人はひとりもいなくなれば良いと、私は思っているのです。

愚痴を言わないのが美徳とされていますが、そんなのは美しくもなんともない。

ただただ犠牲になっただけなのです。

すぐにＳＯＳを出しましょう。

誰かに助けてもらい、生きていく。

それが当たり前になればいい。

助けてくれる人を探しましょう。

私たちは『他人に迷惑をかけてはいけない』とずっと叩き込まれて生きてきました。

これは日本の文化の特徴と言えるでしょう。

この言葉をどのように捉えていますか。

自分のことを助けてほしいと声に出すことは『迷惑』なんかじゃありません。

助けてもらえるように生活を作っていくことは、むしろ家族全員の役に立っていますし、貴重な雇用を生み出していますよね。

これが果たして迷惑といえるでしょうか。

「限界」という壁

私が今日まで出会ってきたお客さまの多くが、だいぶ限界に達してから私を呼んでいます。

限界に達してから、というのは今現在もう心身ともに限界というわけです。

そんな状態になるまでひとりで頑張ったらダメです。

ひとりで抱えてはダメなんです。皆さんよく私に辿り着いてくれました。見つけてもらえて良かったと心の底から思います。

家事代行は、『これから困るかも知れないから』と、保険のように利用を開始してもらいたいのです。

まさか、ここまで辛いことになるとは、予想していなかったですか。

今この本を、備えのために読んでくれている人がいたら、今日から準備をしてみてください。

限界だからとこの本を手にしてくれた人も、今日から準備をしていきましょう。

家事代行の選び方を第4章に書きましたから是非、参考にしてみてください。

気に入る人が見つかるまで時間がかかるかもしれませんが、一回目で素晴らしい人が来てくれる可能性もあります。

気に入らない人がいたら、その人のことはもう二度と利用しなくてＯＫです。

気に入る人が来たら、その人の予定をおさえましょう。そして、その人に助けてもらいましょう。

家事代行をやっている身からすれば、これは仕事ですから、助けてあげている、なんて思っていません。仕事です。皆さんがいつも頑張っている仕事と同じです。

子育てのため、生活のため、娯楽のためにお金を稼がなければなりません。

私を頼ってもらえたら、お互いにウイン・ウインの関係性になれると思います。


さきほど書いた日本古来の『迷惑をかけてはいけない』理論にたくさんの人が苦しんでいるのです。

ひとりでやることが、自分を犠牲にすることが、愚痴を言わないことが、そんなの良いわけがないじゃないですか。

やはり、ひとりでできることには限界があるのです。

親になった瞬間に全員が超能力と時間調整の魔法使いになるわけない。1日は皆に平等に24時間しかありません。

迷惑をかけるのではなくて、協力してもらう、と言い換えるとマイルドになるでしょうか。

日本は「他人と同じ」を強要されがちな文化ですから、自分だけが誰かに助けてもらうと『他人と違ってしまう』から迷惑をかけたということになるのですかね。

この考え方、日本人的な「みんなと一緒」というところに家事代行を入れたら良いのではないのでしょうか。


『みんな、家事代行使っているよ！』


どうでしょう。罪悪感はどこかに消えて、皆と同じになったみたい。

みんなが家事代行を使う時代は間もなく到来するでしょう。


罪悪感とは、自分だけが楽をしているような気がするから発生しているのだと思います。

普通なら誰もができるはずであろう家事を、自分だけがこなせないのはおかしいと。

自分だけができない、そんなものがあっても良いと思います。

出来なくたって、その出来ない人のためにあるのが、家事代行ですから。

そして、「皆より楽になったらいけない」とは、どういう論理なのでしょう。

楽になると批判をされるのかしら。「あいつ、楽しやがって」と罵られる恐れがあるのでしょうか。

そんなことを言う人がいたら、家事代行のことを教えてあげたら良いと思います。今日まで独りで頑張ってきたあなたを批判したり罵ったりする人がいたら、私が言い返してあげます。『もう限界まで頑張っています』と。

皆さんに求められている『強さ』とは一体何でしょうか。

そもそも、強さは求められていますか。

自分だけが犠牲になれば良いというのは、もしかしたら、思い込みなのではありませんか。

強くなくて良い、というのは、責任を放棄することではありません。

責任を全うするために、他人を巻き込んでいくことです。一人でやらないということです。

一人で強くならなければならない、そんな生活は長く続きませんし、なんで私だけが苦労しなければならないのか？って、無責任に美談にされてきた母親達全員が納得してないと思います。仕方なくその生活を受け入れていたとしか言えないです。

パートナーとの話し合いは高いハードル

ここでまた高いハードルが出てきました。

それは、家事代行を利用するまでの「パートナーとの話し合い」です。

夫婦という一緒に暮らしている他人との意志の擦り合わせです。

夫婦であるだけで甘えている、私はあなたの親じゃない、という不満を私は今日まで数えきれないくらい聞いてきました。

何でもやってくれる親に育てられて、一人暮らし期間も短く結婚してしまうと、『自分でやる』ということに慣れていないからいきなりつまづくでしょう。

ここで、私がやってあげるね等とパートナーを甘やかしてはいけません。生活はこのあとずっと続くのですから、どちらか一人の負担が大きいとたちまち困るでしょう。

一人でなにもかも負担するのは無謀であり、無理なのです。

パートナーとの話し合いは難航するでしょう。

そして必ず疲れますから、疲労困憊になる前に、家事代行を利用開始する準備をする必要があります。

疲れている時に、寝不足の時に話し合いは不毛なものとして終わり、不満だけが残ります。自分は相手より酷く疲れているかもしれませんが、相手も疲れています。

お互いを労う気持ちの結果が家事代行の利用なのです。

結婚当初は少なくとも結婚できた喜びが勝っていたはずですが、結婚はいつもワクワクニコニコして過ごすにはかなりの努力が必要です。レクリエーションではなく、実生活ですから地味な積み重ねです。

結婚できた喜び、という価値観は日常になります。

どうして、この人と結婚してしまったんだろうと、子供が生まれると思うこともあるかもしれません。

疲れている時にお互いの価値観の違いに気付いてしまうと、二度と歩み寄れない気がしてしまうのです。「こいつとはやっていけない」と。

そういう危機は、疲れと話し合い不足が引き起こしているのです。

話し合いは、これからも家族として楽しく仲良く平和に、穏やかに暮らしていくために必須なことです。

メールやSNS上のメッセージ機能を使って話すのではなくて、リアルで話し合いをしましょう。言った言わないの水掛け論になりやすい人達は、録画録音をしてください。話し合いをする時には、お互いを思いやりましょう。

あなたを頼りにしている、というのはお互い同じ気持ちのはずです。頼りきれない部分を、家事代行が助けてくれるのです。

家事代行の恩恵をしっかり受けられる人

話題は変わりますが、第3章でも触れていますが、家事代行の恩恵をしっかり受けられる人は『図々しい人』です。

私はあえて『図々しい』と表現していますが、お客さまのことを嫌だなぁと思っているのではなくてその真逆に思っています。

「私を頼ってくれてありがとう」という気持ちからその表現になっているのです。


いわゆる「図々しい人」というのは、有料のサービスを使い切る人のことです。

自分の支払った大事なお金と引き換えに手に入れるサービスを、もっと良いものにしたいという気持ちがとても大切なのです。

私が今日までに出会ったお客さまの良い意味での図々しさは、私の出来る可能な範囲の最大限ギリギリまでを活用されていました。

家事代行業者とお客さまはマッチングですから、お客さまの希望通りに遂行されないと意味がないのです。

希望通りのマッチングを叶えたい場合、あなたの希望をきちんと伝えられるかがポイントになってきます。

『こんなことお願いしてしまう自分』という恥じらいとか『これはさすがに悪いか

な』という遠慮があなたの希望が叶わない要因になるわけです。

私が掃除でやりがいを感じるのが水回り掃除をしている時です。

ここは最大のプライベートゾーンだと思いますから、汚れきったここを私に任せた時点で、お客さまの負担はかなり軽くなっているはずです。

私の目標

『お客さまが家事代行業者を迎え入れるのに予掃除をしなくなる』

これが私の目標なのです。

他人に頼る力と章のタイトルをつけているのはこういう意味も大いに含んでいるのです。

他人に任せるというのは、実はかなり難易度が高いのです。

今日まで、『自分でやった方が早い』がデフォルトだったと思いますし、相手に説明するのも待つのも面倒だったと思います。

お願いして説明してからやってもらったけれども、やり直すという手間を経験してしまうと、どうしても自分でやりがちになります。

しかしそれが負担を抱える道になります。その道を作らないようにしていきましょう。

出来たとしてもやらないでいられるかどうかー。

どこまで自分の負担を減らすことが出来るか、これを追求してみてください。

一度「他人に任せる」が出来るようになると、他にも任せられることが出てきます。

ですから、まずはひとつ、その次ふたつ、と、一気に変えるのはなかなかできないと思いますので、回を重ねるごとに少しずつ、焦らずに増やしていきましょう。

私の場合は、「このお客さまは多分これも任せたいのではないかなぁ」と予測して、お客さまに声をかけるようにしています。

『ここもやりましょうか』『これもやっておきましょうか』というふうに声をかけると、お客さまがパァッと顔が晴れる場合がほとんどです。

もちろん、ここは自分でやりたいので、とお客さまが言ったら無理矢理片付けるようなことは絶対しませんから安心してください。

誰か他人にやってもらうなんて、

誰かに迷惑をかけるし、

図々しいと思われたら、

こんなことお願いできない、

等々、家事代行を利用し始めるに当たって、様々な迷いや葛藤があるかもしれないのですが、まさに案ずるより産むが易しで、一度使ってみて、自分の良いようにカスタマイズしていくのが良いのです。

「今日はこうしてほしい」、「次回はこうしてほしい」と希望を伝えたり予定を決めていくと、あなたの家の中の居心地はどんどん良くなっていきます。

今日までは忙しくて、早く帰りたいのに、あの散らかった家には帰りたくないような気がしていませんでしたか？

物の場所が安定していき、ごはんが充実し、家の中が清潔になっていくので、家は自分と家族を大事にする空間に変身していきます。

今日まで全然時間のない中、やっつけてきた家事。

ちょっとやさしくされたら涙が出てしまうような限界感、ぜひ振り返ってみてください。

もう悩まなくていい

友情や人間関係の不完全さに悩むのはもうやめにしましょう。

頼れる友達等がいないと嘆くのも、もう終わりでいいじゃないですか。

幼馴染は近所に住んでいないし、新規の友達はそう簡単にはできないし、もはや運ですよね。利用し合う関係性では友情は育めないのです。

無償の愛を提供できる時、友情は成り立ちます。そんな友情はそうそう育めないと私は思っています。

友達の数を自慢しても仕方ないし、多ければ良いものでもなくて何人だっていいんですよ。

今、頑張ることは、仕事と子育てで、新しい友達作りでも他人に気を遣うことではないはずです。


近年あまりないのかもしれませんが、子育てを地域ぐるみでやる場合、自分も負担を強いられるということを忘れてはいけません。

私が子供だったとき、お母さん達はほとんど専業主婦でした。

働くお母さんは少なかったように思います。

まして「専業主夫」の人は見たこともありませんでした。（親の転勤で社宅に住んでいたからかもしれませんが。）

一年のうちにたびたびある近所の人との季節の行事や子供会など、あれは仕事をしていたら参加は難しいと思います。

そういったものに参加する場合には、それこそ心身の余裕は必須項目です。

子供が小学校高学年になるくらいまでは何かと手がかかるもです。

生活、近所付き合い、子供と自分の体調管理、そこにさらに仕事をしている、ということ、これを誰か第三者に労ってもらうことを当たり前にしていきましょう。

誰に評価をされなくてもよいけれど、頑張っていることを理解してもらえるのは嬉しいですからね。

家事・育児・仕事を何となくこなしている人も確かにいます。しかし、『そんな全部できない』人のほうが多数だと思います。

インスタなどのマウント投稿を見ている時間があったらマッチングする人を探しましょう。憧れるのは良いけども、嫉妬心や罪悪感を掻き立てるマウント投稿は家事だけに留まらず、子育てにも波及していますからね。

『これが我が家のルーティンです』とベージュと白を基調としたインテリアに、凝った料理を見て、『こんなの出来っこない』ってリール動画を見ながら落ち込むのはやめましょう。

子供の髪の毛をいつもきちんと結ってかわいい服を着せているのを見て、どこにそんな時間があるのかと考えるのもやめましょう。

子育てはその子の個性によります。

育て方ももちろん、環境ももちろんあるでしょうが、『どう育てようが育てやすい子』というのは実際にいます。

落ち込むのはやめましょう。よそはよそ。うちはうち。あなたはもう限界まで頑張っています。

「他人に頼る力」とは、信頼するということに他なりません。

信頼の結果は全て自分に返ってきます。

家事代行を利用して得られるものとは、まず自分の心身の健やかさ、そして家族の円満と、安心と時間です。

第6章
家事代行利用のすすめ

私が家事代行を始めたきっかけ

私が家事代行の仕事をするようになったのは、シンプルに家事が得意だったからです。

２０１４年から、その時給に惹かれて市役所の産前産後ヘルパーとして働いていました。

しかし、よその家で家事をやることが楽しくて楽しくて。

その後、家事代行という仕事の存在を知って、これも出来るかなぁと思いやってみたところ、たちまち予約がいっぱいになりました。

そして、お仕事を沢山出来るようになりました。

今、この原稿を執筆している時点でのべ千五百件以上に伺っていますが、利用者の皆さんの生活が良くなっていくのを毎日、目の当たりにしています。

特にいつも嬉しいのが、私に依頼してくださったお客さま本人だけでなく、ご家族の皆さんに歓迎していただけた時です。

普段、会えないお子さんにも、祝日や夏休みには会えることがあり、『いつも美味しいごはんをありがとうございます』なんて3歳くらいのお子さんに言われた時には、ちょっと泣いてしまいそうでした。

そのあと、いつも保育園や幼稚園で練習しているお遊戯や歌を披露してくれたのです。

これまた可愛くて可愛くて、ここでもまた泣きそうに(笑)

私の子どもはもう高校生と小学生高学年ですから、すっかり子育ても一段落しています。

お客さまのところで会えるお子さん、このあとずっと一緒に成長を見ることができるのは本当にとても嬉しいことなのです。

気楽な関係性だからこそ長続きする

私は家事代行をビジネスとして毎日やっていますが、家事代行の良さは、このような『近所のおばちゃん』的な人が出来るという良さもあると思うのです。

家族の代わりになることは出来ないけれど、近過ぎず遠過ぎず、頼れる身近な存在になっていると自負しています。

お客さまから、お裾分け等をいただくことがあります。

そのときは仕事の連絡ではなくて、「次回持ってってってください」、「帰りに寄ってってください」なんて、お客さまと私は友達ではないけれど、気楽な関係性を築けていると思います。

自分とお客さまだけの関係なので、そこにまた他者が絡んでくるような複雑さや気を遣うことはないわけです。

目障りではなく、煩わしくなく、お節介過ぎない、という距離感を保てるのは家事代行業者だからこそ。

気楽な関係性だからこそ長続きします。お互いに呼んだら、呼ばれたら嬉しい関係です。

私のお客様の中には、年に数回だけ、という使い方をしている人もいます。

年に数回だけのご褒美として、または衣替えや帰省など長期に家を空けるから大掃除したい、等のタイミング。その使い方は本当に自由そのものです。

一人だとやりきれない作業や、心が折れる作業、子育てをしながら家を快適な空間にしたいという気持ち。それはとても良いと思います。

「そろそろ連絡してみようかなぁ」と思っている時に依頼が来ると本当に嬉しい。

数ヵ月ぶりに会うお客さまとお子さん。お子さんの成長は久しぶりに会うとよくわかりますね。私が来なかった期間に、頑張って家事育児をしてきたお客さまをねぎらって、いつも家中を掃除してごはんを作って帰ります。

もちろん、毎週依頼してくださるお客さまにもねぎらいの言葉を！お子さんが一人でも複数人でもいればもうそれだけで大変です。

自分以外の人が暮らしているだけでやることは沢山。一人暮らしであってもやるべきことは沢山あります。

毎日の煩わしい家事を、毎日毎日毎日毎日、なぜか一人でやっていたりすると、普通に、当たり前に疲れますから。

イライラするのはズバリ疲労のせいです。

綺麗な部屋で美味しいものを食べながら、目の前にいる可愛い子供と過ごす毎日は、きっとあなたの疲労を軽減させてくれるはずです。

ここまで色々書いてきました。

私は家事代行を強くお勧めしています。是非、あなたにも使ってみてほしいです。

料金の相場は1時間当たり3千円～5千円です。

これが高いか安いかはまずは実際に利用してみて感じてください。

この値段は、パッと見ると高いと感じるかもしれませんが、そうではないと思う方もいらっしゃると思います。

3時間あったらあなたは何をしますか？

家事代行業者に任せた3時間と同じ作業量を、自分でこなすことはなかなか出来ないと思います。

任せた3時間はまるまるあなたの素敵な自由時間に変わります。

お金を払って自由に過ごす時間を得る代わりに、家事が完了しているというわけです。

予掃除をしないで、家事代行業者を迎えてください。

3時間あったらどうしましょう。

私なら、カラオケ一択ですが、この時間に自分のケアをするのもお勧めです。

整骨院に行くのも良い、美容院やネイルケア、スーパー銭湯も良いですね。もちろん映画を見たりショッピングも最高ですね。

実際はお仕事中に家事代行業者を入れる、ということが多いですから、まるまる3時間が自由というわけではないのですが、家事代行を利用する対価として、家でゆっくりする時間が増えるというわけです。

自宅でゆっくりピカピカのお風呂に入って、何も散らかっていない部屋で、作ってもらったごはんを食べて、整った布団で寝る。

これに勝るリラクゼーションはないかもしれません。

息の詰まるような毎日を、ちょっと緩めて過ごせたら、今の生活の良さを改めて知ることが出来るはずです。

目の前にある幸せも見えないくらい疲れてしまう生活は家事代行を利用すれば変えることが可能になります。

子供が小さいときは短い黄金期

お子さんがもう手を離れかけている人も中にはいると思いますが、子供の小さい時期って本当に短くて尊いです。

この短い黄金期とも言える日々を、ぜひ大切にしてほしいのです。耳にタコができるくらい言われているでしょうが、本当にそうなんですよ。

「あの頃は分からなかった」なんて後悔をしてほしくないのです。

お金では買えないですから。3歳前後の可愛らしさは、40歳過ぎたあたりで、既にすごく懐かしく、小さいってだけで、とにかく可愛いのですよ。

SNSを見ていての私の素直な気持ち

私はSNSが好きで、よくXを見ているのですが、「家事育児」「専業主婦」などのワードがしばしば話題になっているのを『みんな家事代行を使えばいいのに』って思いながら眺めています。

そして、Xでこの話題が出る時にいつも思うのが、子供や家族が厄介者のように扱われているということ。

家事や仕事のせいで、一番大切なことが一番ないがしろになってしまっているのではないかと思ってしまいます。

本来の優先順位が、終わらない家事のせいでめちゃくちゃになっているのです。

子供のことが大事だから、家族のために、と頑張る目的を完全に見失っています。

それは本当にもったいない。子供が小さい時期の価値をもっと理解したほうが良いと思うのです。

家族と過ごせる時間は尊いのです。

思った以上に一緒にいられる時間は短いです。

子供が、寝かし付けをする前に先に寝落ちしてしまったとき、勝手に寝てくれてラツキーと思うでしょう。

それって本当にラッキーなんでしょうか。たまにならいいけど、毎日だったらさみしいと思います。

早く寝てくれと毎日思って暮らしていると、寝かしつけをすることが出来るという幸せに気づけないのです。ハッと気づいた時にはすっかり、子供の手が離れてしまっているかもしれません。

私は、楽しかったことや明日の予定を話しているうちに自分もいつのまにか眠れたらいいなと思っています。

寝る前やお風呂に入るとき、ごはんのとき、子供の話を聞きたいです。

自分のことも聞いてもらいたいし、とりとめのない話をし合うのが家族だと思うのですよね。

いちいち友達に電話するようなことでもないような、Xに呟くまでもないようなことを言えるから一緒に暮らせるんじゃないかと。

専業主婦っていったい何だろう？

専業主婦なんだから家事を一人でやって当然、という考え方はこの先きっと無くなりはしないのでしょう。言い争いをしても不毛です。

会社で一日中働いている男性ではなくて、女性のほうが専業主婦という立場に厳しいことを言いがちです。

「私なんか仕事もしてんのよ？！」って思うんでしょう。

本当に毎日仕事をしながらの家事は大変なのです。女性に負担が大きいことを物語りますね。

しかし、家事が苦手な人が専業主婦の場合もあります。人には向き不向きがありますし、必ず疲労は溜まります。

絶対に一人でやらなければならないという法律があるわけではありませんから、自由に家事を外注すれば解決します。

私が過去に専業主婦だった時代には、家事をすることに何の抵抗もなく全く苦ではありませんでした。

働きたくないとさえ思っていたのですが、やはり家計的には働いたほうがいいかなぁと働き始めてみたものの、労働時間も短いし稼ぎも少なかったから家事の一切を私がやっていました。

当時は10年以上前ですから、今よりもっと女性は厳しい立場に立たされていたのだと思います。

そのことに何の疑問も感じなかったのですから、もはや手遅れと言っても良いでしょうね。

時代は変わり始め、私も離婚と再婚をし、今はやっと夫と家事を分担しています。やっと分担していますが、やはり心のどこかで、申し訳ないような気がしていることがあります。自分自身が、家事は女がやるものと思っているんでしょうね。

40年以上そう思って生きてきているのだから、この意識が完全に変わるのはまだ先になると思います。

家事代行を絶賛勧めている私ですらこうなのだから、家事代行を導入するのはもはや革命レベルかもしれません。

「外注」という素晴らしいアイディア

今の私の家庭では、やれる人がやる、という緩い感じですが、やれる人がいない、ならば外注しましょう。思い切って家事代行を使いましょう。

水回りやエアコン掃除、外構工事や庭の工事など、そういうことを外注する時、あまりためらいはないはず。それと一緒です。

家事はなぜか簡単なイメージがあるけれど、大変なことなんです。

簡単じゃないって、誰よりも実感しているのではないですか。

簡単ならあんたがやれば？と夫婦で言い争いをすると、ただ険悪になって終わるので、もうそれが一番大変です。

言い争いをしたい人なんか誰もいないはずですから。

実際、早朝から深夜まで会社や外で仕事をしている人に家事をやらせるというのも現実的ではないのです。

物理的に無理だし、まずは睡眠時間を誰もが確保しなければいけません。寝不足が引き起こす問題は山のようにあります。

仕事を長時間してきたならば、しっかり栄養も摂らなければいけません。健康第一というのは本当で、体調が悪かったり病気になってしまったら、何も出来なくなってしまうし、気力も奪われていきます。

ご夫婦で共働きの場合、どちらが大変なのかは測ることができません。

『どちらも大変』が正解です。

どちらも大事。家族の中で大切な存在です。

どちらも欠けてしまわないように、お互いに配慮をしながら丁寧に生きていくのが理想的なのです。

しかし、日々終わらない家事に追われながらお互いにを大切にするのは難しくなってきます。無理なものは無理ですから。

でも、山のように残っていて終わることのない家事に追われていたら、日常のささやかな、何でもないようなことが、手の届かないところに行ってしまいます。

子育ての楽しみを犠牲にしてまで、家事を抱えることはないのではないでしょうか。

どうしても、家事を一人でやらなきゃいけませんか？

寝る寸前まで毎日モヤモヤとイライラしたまま生きていたら、心身に異常が出てもおかしくないというより、異常が出るでしょうね。


健康が損なわれると、もう何もかもが嫌になってきます。

昨日まで出来ていたことが出来なくなる、思い通りに出来ない、どこかに痛みがある等、失ってから初めてありがたみに気づくなんて、そんなのはもうやめましょう。失わないように整えていきましょう。

一番自分を大事にすることは、もはや義務と言っていいはずです。

家族の誰も欠けないように、みんなが健康でいられるのが当たり前の暮らしをしましょう。

家事の煩わしさはお金で解決できるものです。まずは外注をしてみましょう。家の中に山ほどある名も無き家事を、誰かにやってもらいましょう。

家庭崩壊にならないために

日々の些細なことの積み重ねは気づくと膨大なものになっています。

山になった不満は、そんなことで？というようなきっかけで崩壊します。

文字にしたらくだらないような、大したことないような、小さいことの積み重ねが生活です。少しの歪みを放置した結果が崩壊です。

この歪みは、パートナーがお互いをねぎらうこと、または家事が自分以外の人によって完了することで修正されていきます。

昨日までは許せたのに今日は許せない。気になって仕方ないこと。

そういうのが一番イライラするはずです。

「何回言えばいいのかな」って思ったことは、きっとこの先書いて貼ろうが百万回言おうが直らないわけなので、それを気にしなくてもいいような生活をすることにシフトしていけば良いのです。

自分以外の誰かの習慣を変えていくことに膨大なパワーを注入するのはもうやめましょう。

上手くいけば習慣は変わるかもしれませんが、誰かを納得させて行動を変えさせるというのは本当に骨の折れる作業ですから。

家事は外注し、完了しているのが通常になれば、家事が完了していることに勝る喜びをこの先見つけていく楽しみが出来ます。

家事を気にしなくても良くなると、今まで家事に割いていた時間を好きに使うことができるのですから。

家にいるときこそ休めないのは辛いです。

仕事だけしているほうがどんなに楽か！なんて生活は大変です。

家は休むところです。

家にいるとき、パートナーがいる時、子供がいる時が本来は一番安らぐ時間のはずなのです。

イライラして過ごすのはもう終わりにする時代。そう、家事は外注できるのですから。

家事代行は気軽にスタートして欲しい

家事代行を毎週あるいは週２回等、頻繁に利用をすると、ほとんど家事はしなくてよくなります。

洗濯物は溜まるので、洗って乾かす作業はあるでしょうが、畳んで片付けるのは任せたら良いと思います。

しかし、やはりお金がかかりますので、まず手始めに月に１回のスタートでも良いと思います。

そう、とにかく利用を開始してみてください。

利用した後は、次回はこうしたいとか希望があれば注文すれば良いし、このままで良ければ次回も同じで、と言えば大丈夫です。

あと、一番気になることだと思うのですが、いったいどこまでやってくれるの？という疑問が皆さんあるはず。


それは最初に、どこまでやってほしいのか教えてください。

そして作業内容への不満があったら是非、教えてください。

具体的に教えていただけると、とても助かります。遠慮をしないのが快適な利用への一番の近道です。


不満のあるまま利用するのはものすごくストレスになりますし、価値は高くても決して安くはない金額を払っているわけですから。

この料金でこれ？とかいう不満は一番避けてほしい不満です。

言えば改善されますので、お伝えください。

改善されなければ、その人を二度と利用しなくて良いのです。

自分の希望通りに作業をしてくれる、好きな人に来てもらいましょう。

取っ替えひっ替えしても構いません。

気に入った人が見つかるまで、毎回違う人に依頼したって良いのです。

注文をつけたり苦情を言う時、クレーマーっぽくて嫌だなあと思わなくて大丈夫です。

不満や希望を言ってもらえることは、本当に家事代行業者を助けます。

教えてあげた、くらいに思って良いと思います。

実際に利用してみたら、苦情というよりは、もっとこうしてほしいという要望になると思います。

一緒にあなたの家の快適さを作るパートナーになっていきます。

ネット上の不穏な言葉

検索ワードで『家事代行』と打ってみると、危険とか値段とか、なんだか不穏な言葉が出てくると思います。

不穏な言葉は、皆さんの不安を反映していますから、一度利用することで払拭してもらえたらと思います。

危険というのは、やはり貴重品の盗難のこと。

あとは食器や家電などの破損のことがよく検索されているようです。

私は故意に食器を割ったり家電を壊したりしたこともないし、もし仮に破損等になったら全力でお詫びし対応をしますが、わざと壊そうとして仕事する人もほとんどいないと思います。

賠償保険だって使えば保険料が上がりますし、故意にお客様に損害を与えるメリットがないですからね。

もちろん貴重品を盗もうなんて思ったこともありません。

ネガティブワードを現実にしないためには、家事代行業者との意思疎通、作業内容の共有が肝要です。

メモを取りながら作業を進める業者もいますが、絶対に必ずこうしてほしいという希望があれば、メモを書いて渡すと良いです。

私のお客さまにも、細かく書いてくれる方がいましたが、読み進めていくと結局『おりとさんの良いようにしてください』が結論だったりしていました。

どの方も、もう指示を出すことにうんざりしているはずですが、書いてみると自分に意外なこだわりがあったり、頭の整理になるかもしれません。

ここで出す指示は徒労に終わらないはずです。

また、金額のことで、思ったより高かった、というのは、料金表示が1時間当たりの金額になっていることが多いからです。

その金額と思っていたのにそれより多かった!なんてことにならないように金額はしっかり確認しましょう。

表示の作業料金の他に、交通費、指名料、消費税などがかかることがあります。

3時間利用したら、交通費等全部あわせていくらなのか？業者から請求金額を提示することの方が多いはずですが、最初に確認するとよいです。

そして、家事代行を利用しなければよかった、という記事などは鵜呑みにしないでほしいです。

負の感情が乗ったものは拡散されやすく、あることないこと言われてしまいます。優良な業者は確実に存在しています。一番良いのは、身近な利用者の声を聞くことです。お知り合いに家事代行を利用している人がいたら、聞いてみてください。


例えば利用料金の安さを売りにしている業者は、やはりスタッフの質の良さは期待出来ません。

スタッフがいくら頑張っても賃金が上がらないからです。

安く買い叩かれた人は良いパフォーマンスが出来ません。

質にはこだわらないからとにかく安く利用したい場合には検討候補になるかもしれませんが、お金は大事ですから、やはり価値のあるものに使うのをお勧めしたいです。

実際そういう安く雇われている人が家事代行全体の評判を落としているのです。

この金額なんだから仕方ないと、またがっかりするくらいなら、多少高くてもしっかりと実績のある人を探して、来てもらいましょう。

ここまで、家事は煩わしいという前提で話を進めています。

こうすれば楽！とか、巷には家事の技が情報として沢山溢れているでしょう。しっかり読んで実践すれば良いのだと思うのですが、読んで実践する暇もなければ気力もないし、誰かやってくれないかなぁって思っている人のほうが多い気がするのです。

それが出来れば苦労しない、と眺めながら気が遠くなり、いよいよぼんやりしてしまうのではないでしょうか。

私はそもそも家事が得意で興味がある体質なので、便利情報は常に収集していますが、私と逆だったら、その情報を聞かされるたびに責められたり怒られている気持ちになるでしょう。

出来ない自分に嫌気がしてくるでしょう。そんな気持ちになるくらいなら、もう見なければいいのです。

収集する情報は、家事代行に来てくれる人のことのみで良いでしょう。

家事が出来ないことは全く問題ではない

家事が出来ないことは全く問題ではないし、私に依頼してくれたお客様だけで言えば、出来ない人がかなりの割合を占めています。

家事をルーティンワークにしてしまえばいいのでしょうけど、ルーティンワークにまで持っていくのが大変で、出来ても面倒だし、寝坊する朝もあるでしょうし出来ない理由は多くあって、基本的にとにかく面倒だと思うのです。

やらなくて済むならやりたくない、というのは皆さんの本音ではないでしょうか。

もちろん、家事が好きで、自分で決めたルーティンをきちんとこなしていくことでモチベーションが上がる人は継続をすればさらに良くなっていくでしょう。

しかし、子育てをしていると自分の都合だけでは生活を進められないですよね。今日予定していたことが、子供の発熱ひとつで全てキャンセルになる事もあるでしょう。あれもこれもとタスクばかりが増えて、あっという間にパンクしてしまいます。パンクして当たり前です。

それは普通のことなのです。能力がないからとかではなくて、一人でやることには限界があるということ・・・ただそれだけなのです。

私ですら、いまだに子供の風邪で仕事や予定をキャンセルせざるを得ないことがあります(子供はもう高校生と小学校高学年です)。

頭で理解しているのに、焦りますね。

慣れることはきっと永遠にないでしょう。

朝に子供の体調が悪い時の絶望感。

各方面への連絡とリスケジュール。

今日開いている小児科の予約、明日には回復していないだろうという勘はきっと当たるし、いきなりテンパってしまいます。


この焦りを保育園児の親は頻繁に経験することになるでしょう。

保育園に通って体調不良になっていない子供を私は見たことがありません。

ひとりで、ぐずる子供を家で見ながら在宅ワーク、これは無理です。

体は一つしかないのです。

朝、保育園まで送り届けた後間もなくのお迎え要請、本当に困りますよね。

子供が大事なのはもちろんそんなことは当たり前なのに、仕事が出来なくて困ってしまう。

子供が風邪をもらいがちな環境で、日々をルーティンワークだけでやり通すのはなかなか厳しいはずです。能力の問題ではないのです。不可抗力ですよね。


私も、家事の技や片付けのコツをＳＮＳで見かけたりします。

百円均一で買ってきたグッズでスッキリ！！みたいなモノ、まず百均で同じ商品を見つけられないというところからつまづいてしまいます。

商品コードを保存して店員さんに在庫確認なんてしないし、どの百均だったかも不明。

まず、その収納用品にものが入りきらなかったり、お店にあっても足りなかったり、収納場所を測るのも面倒だったりする。

白で統一したいとも思わないし、ブランド物で揃えるのはハードルがあるし、そもそも買いに行く暇がなかったり。

中身が見えないと、また同じものを買ってくるだろうし、好きなものは好きなだけストックしたいです。

ミニマムなことが賞賛されていることに焦りを感じて、不便で居心地の悪い家にするのは本末転倒です。家は一番の安心空間にしたいですから。

家事代行ではストックに安心するタイプのお客さまのほうがやや多いです。

適度に散らかっている部屋に安心するというのはよく聞く話で、私はお客さまの快適さを最優先しますので、ビッチリ片付けて欲しければそうするし、整える程度で良ければそうします。

そんなことも、これを言ったら恥ずかしいかなとか思わずに伝えてください。

きれいに美しくなった部屋だけが正解ではないのです。

そこに住む人が快適であることを追求していきましょう。

「家事の技」なんてものはあってないようなものです。

見たらすぐに実践できたり本当に簡単なものを自分に合えば取り入れる。

それくらいの感覚で良いと思います。

発信している人の言うことを鵜呑みにしなくてOKですし、これは面倒だなあと思うなら、見なくても良いのです。

そもそもいろいろなプロの方が、こうすればいいですよと教えていく分野、ということは、普通は出来なくて当然なのではないかと思います。

私が感じているのは、どの方も甘えていないということです。

ここまで出来て当然というラインが高いのです。

皆さん、出来過ぎなのですよ。

みんながそんなに出来たら家事代行なんか成り立たないし。そもそもとして、この仕事はこの世にないでしょう。

私は、共働きの皆さんの日々の努力の話をたくさんたくさん聞いているし、実際に私が訪問中に在宅ワークをしている方もたくさん見ています。

中には、時々海外の言葉でやり取りをしている人もいるし、基本的に英語の人も。

仕事で受けている評価が高くても、それは家事能力とは全然関係がないのです。

家事ができないことを嘆く必要はないですよ。

『それ(家事)は私の仕事ではない』ということなのではないでしょうか。

そしてその仕事を他者に振るのがあなたの仕事、というわけです。

家事をやる時間がありません、やりたくありません、と、堂々と言いましょう。

あなたが機嫌よく生きていくために

これからは核家族が主体になり、共働きが当たり前の世の中で今後、「家事代行」という職業は、もっと広く認知され利用されていくでしょう。


私はそのきっかけを作ろうとこの本を書きました。

家事代行を使わない理由はありません。

家事を外注し、家族との時間を楽しんでください。


あなたが家の中で機嫌よく過ごすことが世の中の平和に直結していることを知ってほしいのです。

今日、家事が終わっているということがどんなにあなたに安心をもたらすか。

あなたが安心して暮らすことがどんなに家族の喜びになるかを知ってください。

家事代行とは、快適な毎日を送るための心強い味方です。

ためらわずに利用していきましょう。

来てくれる人が見つかったら、来てくれる人を見つけた自分をおおいに褒めて、ためらわず甘えましょう。

予掃除をしないでいいです。任せましょう。

ひとりでやるのは無理なのに、ひとりでやろうとして疲弊してしまう人が、一人でも少なくなりますように。

「家事代行を使うこと」が世の中のスタンダードになりますように。

「助けてほしい」と、なんの罪悪感もなく言えるようになり、自分をいちばん大事にする人が増えますよう心から願っています。

マーキュリー出版の好評既刊

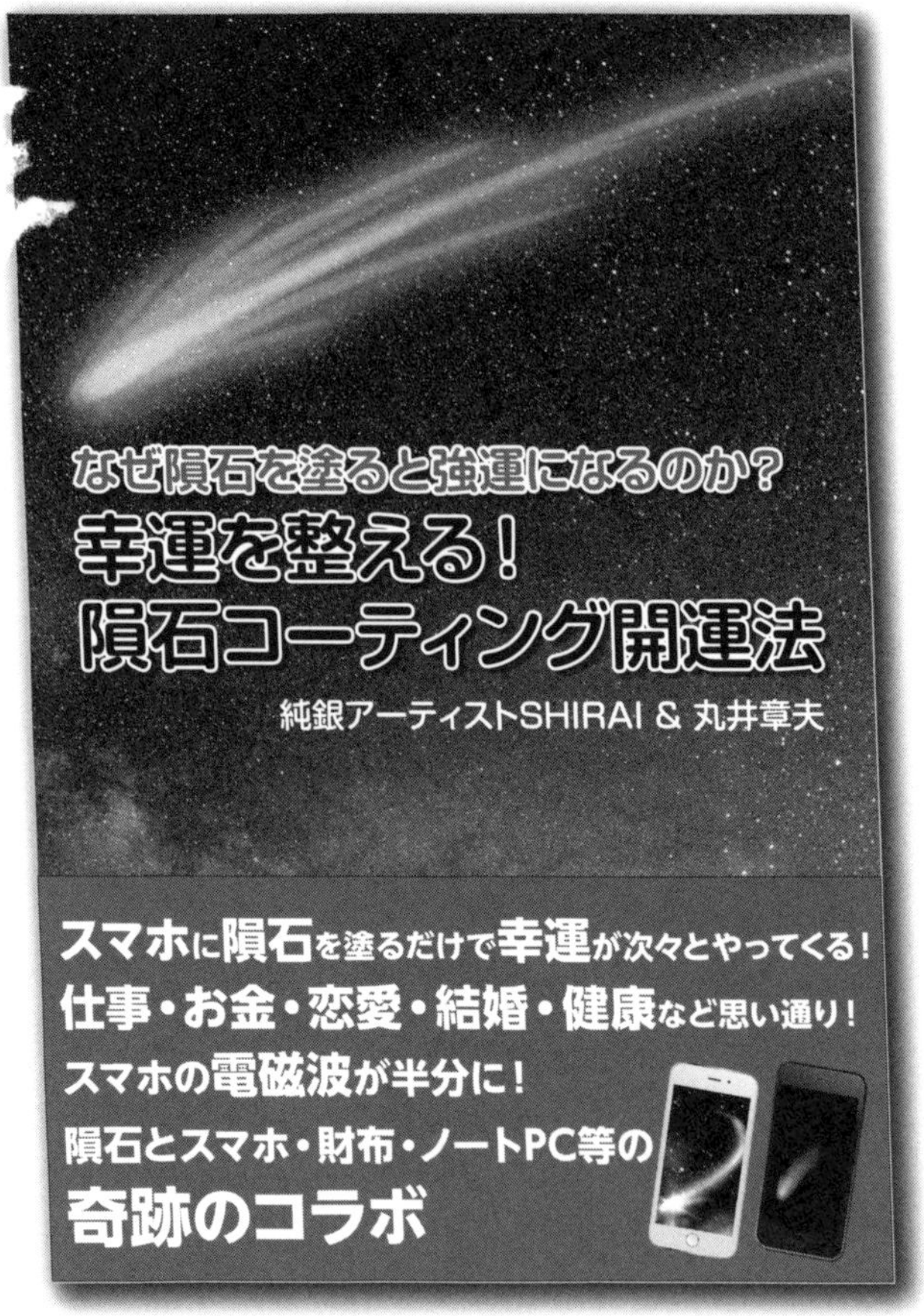

世界初となる隕石コーティングの書籍です。隕石を粉々にしてコーティング剤に混ぜて、あなたのスマホに塗るだけで幸せがやってくる！最も新しくてすごい評判の開運法の本が出ます！ 隕石は太古から「願いを叶える不思議な石」と呼ばれてきました。実は・・・隕石を持つと、良い事ばかり起こるようになるんです！そして「隕石コーティング」という、スマホ・ノートＰＣ・財布・印鑑などの表面に目に見えない程に粉々にした隕石を塗る方法が、最も隕石の強運パワーを引き出すことが分かったのです！

マーキュリー出版の好評既刊

著書累計10万部突破、運命カウンセラーの丸井章夫氏の本。神社の新しい切り口の本として話題です。単なる神社の紹介本ではありません。実際に著者や著者のお客様やSNSで「願いが叶った！」「行くと誰でも願いが叶う！」と評判の「すごい神社」を、全国47都道府県の神社から150社厳選したすごい本です。

マーキュリー出版の好評既刊

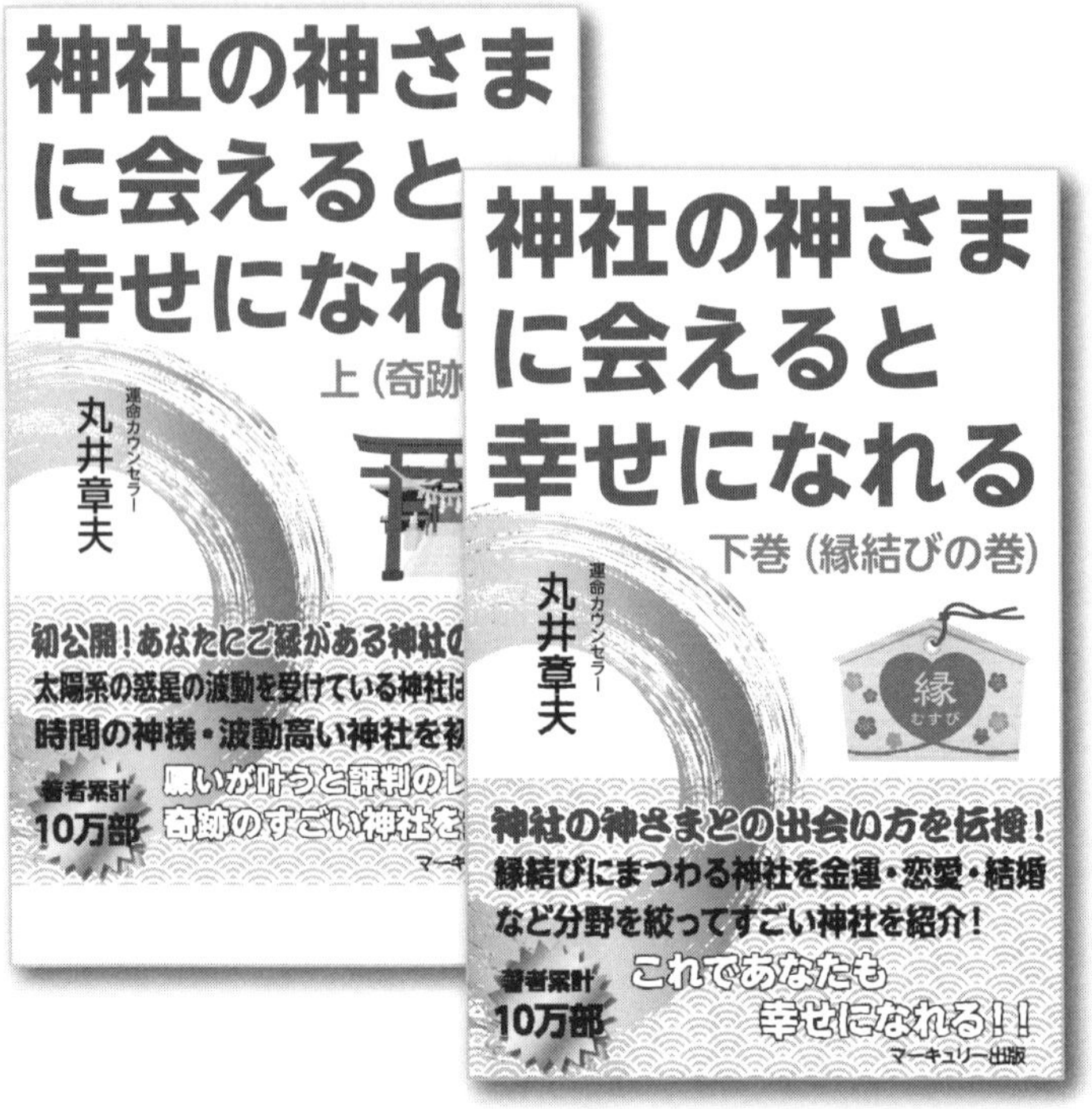

〈上巻〉神社の神さまに好かれると、ドンドン願いが叶っていく！　長年、運命カウンセラーとして多くの人にアドバイスをしてきた著者が、ご縁のある神社を探す方法と太陽系の惑星の波動など、神社の神さまとの出会いの方法を伝える。

第1章 神社の神さまに出会えば幸せになる
第2章 ご縁のある神社を探す方法と太陽系の惑星の波動
第3章 タイミングの神さまにお願いしよう
第4章 神社の神さまに会う前に準備したい「あなたの本当の願い事」を知ること
第5章 超絶に願いが叶った九頭龍神社
第6章 波動の高い神社に行く効用

〈下巻〉神社の神さまに好かれると、ドンドン願いが叶っていく！　長年、運命カウンセラーとして多くの人にアドバイスをしてきた著者が、恋愛・結婚、お金持ち・商売繁盛、仕事など、縁結びで非常に効果がある神社を紹介する。

第1章 恋愛・結婚の縁結びのすごい神社
第2章 お金持ち&商売繁盛のご縁を結ぶすごい神社
第3章 仕事のご縁を結ぶすごい神社
第4章 総本山の神社の神さま
第5章 神棚とお札の力
第6章 神社の神さまに会う前の心構え
第7章 誰でも幸運体質になれる

1年前の好評既刊の「超絶で願いが叶った すごい神社」の続編として上下巻2巻の同時発売です。

マーキュリー出版の好評既刊

この本は驚くほど人間関係がラクになる７０のメッセージで人間関係は『距離感』が大事ですよ！と分かりやすく伝えます。著者は独立後、人間関係に関する発信を多くしてきました。YouTube登録者数約1万人。また起業系支援の「かさこ塾」ではリアルで98期2000人以上を指導。多くの人間関係で知り得た真実を『距離感』をテーマに書いた多くの読者に響く内容です。

【著者紹介】

おりとなおこ

1979年まれ東京都出身。2児の母。2014年より千葉県白井市産前産後ヘルパーとして家事代行を開始。プラットフォーム型家事代行会社に登録し実績を積んだ後独立。訪問件数はのべ1500件超。掃除、洗濯、調理すべての家事を任せられる家政婦としてリピート率の高さを誇る。簡単で繰り返し食べたくなる家庭料理で、数多くのお客様の健康維持に役立っている。新生児や乳幼児のお世話も得意。

特に好きなのは沐浴。自身の離婚再婚、シングルワンオペ時代、普通分娩と帝王切開、親との同居やママ友地獄、末期がんの家族の介護と看取り等、豊富な人生経験により、お客様の話に共感しやすく傾聴が特技。どんなお客様とも話しを弾ませることができる。

2021年木更津市に転居。2022年より千葉県袖ケ浦市産前産後ヘルパー事業所としても業務委託受注中。電子書籍にてレシピ他4冊出版。YouTube家政婦ごはんがヒットし登録者1000人を超える。O型。天秤座。三碧木星。趣味はバンド活動。

https://oritonaoko.com/

ワンオペ育児の悩みが９割解消する　家事代行取扱説明書

2024年 7月30日　第１刷発行

著者　おりとなおこ

発行　マーキュリー出版
〒453-0016　名古屋市中村区竹橋町28－5　シーズンコート名駅西603
TEL　052-715-8520　FAX　052-308-3250
https://mercurybooks.jp/

印刷　モリモト印刷

落丁・乱丁本はお取り替えいたします
® Orito Naoko　2024 Printed in Japan
ISDN　978-4-9913254-2-7